평신도
신학

평신도 신학

헨드릭 크래머
지음

-

홍병룡
옮김

아바서원

| 차례 |

저자인 헨드릭 크래머(Hendrik Kraemer, 1888-1965)는 네덜란드
의 선교학자이다. 그는 인도네시아어를 전공한 언어학자로서, 인
도네시아에서 15년 간(1922-1937) 사역을 하였고, 그 후 10년 동
안(1937-1947)은 라이덴 대학교의 종교학 교수로 임명을 받아 봉
직했다. 크래머는 이슬람 문화에 정통한 선교학자일 뿐만 아니라
에큐메니컬 운동에도 깊이 관여한 인물로 알려져 있다. 그가 세
계교회협의회(WCC) 부설 기관인 에큐메니컬 연구소(제네바 근처 보
세이 소재)의 초대 소장으로 활동한 것(1948-1955)도 그런 까닭이다.
특히 2차 세계대전 후 조국 네덜란드 교회의 재건과 부흥에 크
게 기여했는데, 1958년 출간된 『평신도 신학』은 그런 노력의 신
학적 열매라고 간주해야 할 것이다.

크래머가 활동하던 당시까지 그리스도교 교회는 평신도 신학
의 관점에서 볼 때 매우 편벽되고 균형 잃은 교회론을 견지하고
있었다. 교회의 직제와 사역은 주로 안수를 받은 '성직자' 계층에

만 초점을 맞춘 채 논의가 되었고, 교회의 임무와 사명 역시 비슷한 견지에서 조명이 되어왔다. 그러다 보니 교회의 대부분을 구성하는 비(非) 성직자 계층, 소위 말하는 '평신도'의 신분과 사명에 대해서는, 거의 신학적 조명과 성찰의 노력을 기울이지 않고 있었다. 하물며 이에 대한 조직적·체계적 서술의 시도는 어떠했겠는가!

크래머의 저술은 바로 이러한 시대적 요청에 부응하기 위함이었다. 비록 그보다 5년 전에 가톨릭 신학자인 이브스 콩가르(Yves M. J. Congar, 1904-1995)가 *Jalons pour une théologie du laïcat*(교회 안의 평신도, 영어판은 1957년에 *Lay People in the Church*라는 제목으로 간행됨)을 펴냈고, 크래머 역시 이것을 잘 알고 있었다. 그리하여 크래머는 한편으로 이 저술의 가치와 의의를 인정하고 자신의 글에서 소개나 인용을 하지만, 또 한편으로는 가톨릭 신학의 본유적 한계 때문에 콩가르가 진정한 의미에서의 평신도 신학을 펼치지는 못했다고 판정한다. 게다가 개신교에는 더 제대로 된 평신도 신학의 해설서가 없었기 때문에 크래머의 저술이 갖는 의의와 중요성은 한층 더 컸다고 하겠다.

크래머는 하나님의 백성 전체를 뜻하는 희랍어 단어 라오스(*laos*)가 어떻게 하여 비(非)성직자 계층을 지칭하는 비하적 의미의 단어로 바뀌게 되었는지 역사적 과정과 형편을 소개한다. 또 하나님의 백성에 대한 이러한 비등위적 이분법, 즉 성직자는 더 거룩하고 귀한 존재이고 평신도는 그렇지 않다는 것은 심지어 종교 개혁 당시에도 극복되지 못했다고 거침없이 지적한다.

그렇다면 진정한 평신도 신학의 골자는 무엇인가? 크래머는 자신의 책 5장에서 다음과 같은 다섯 가지 항목을 이에 대한 답으로 제시한다.

- 교회는 세계를 위해 존재한다.
- 교회는 선교이다.
- 교회는 사역(ministry)이다.
- 교회는 디아코니아[섬김]다.
- 우리는 모두[교회 전체] 인증을 받은 사람들이다.

이상의 진술들은 그 하나하나가 굉장히 의미심장하고 풍요한 신학적 의미를 담고 있기 때문에 깊은 성찰이 요구된다. (사실 2-4장의 내용은 5장의 내용을 개진하기 위한 예비 단계로 간주해 마땅하다.) 동시에 각 진술은 너무나 근본적(radical)이고도 혁명적인 것이라서, 만일 이런 명제에 동의하고 이에 준하여 교회 생활을 시도한다면 교회의 갱신과 변모는 거의 자동적으로 뒤따를 것이다.

그렇다면 과연 그런 일이 일어났는가? 한국에서는 크래머의 책이 유동식 박사의 수고에 의해 약 50년 전인 1963년에 번역, 출간되었다. 그 50년 동안 한국 교회는 평신도 신학의 이상적 현장으로 자리매김을 확보했는가? 안타깝게도 답변은 "아니오"이다. 이 자리에서 이러한 상황이 발생하게 된 요인을 열거하지는 않겠다. 그러나 어쨌든 한국 교회, 특히 보수적 입장의 교회는 1990년대까지도 '평신도 신학'에 별로 영향을 받지 않았다.

한국 교회가 1990년대 이후 '평신도 신학'에 눈을 뜨도록 자극한 인물로서 아마도 폴 스티븐스(R. Paul Stevens)를 빼놓기는 힘들 것이다. 스티븐스의 책자 가운데『참으로 해방된 평신도』(이하 IVP, 1995), 『평신도가 사라진 교회?』(1997), 그리고 특히 『21세기를 위한 평신도 신학』(2001)은 이 방면에서 매우 돋보이는 역할을 감당했다. 스티븐스가 크래머의 주장을 모두 받아들이는 것은 아니지만, 그래도 평신도 신학 사상 가운데 일부는 크래머의 가르침에 영향을 받은 것으로 볼 수 있다. 이 점은『21세기를 위한 평신도 신학』의 29페이지 14번 각주에 선명히 나타난다.

자, 이제 평신도 신학의 시조(始祖) 격인 헨드릭 크래머의『평신도 신학』이 좀 더 나은 번역과 현대화된 표현으로 다시금 우리 앞에 나타났다. 본 추천자는 기꺼운 마음으로 이 번역서를 추천한다. 또 추천을 하되 다음과 같은 책 읽기를 제안하고자 한다.

- 크래머가 내세운 '평신도 신학'의 요점은 무엇인가?
- 스티븐스의 크래머 비판은 얼마나 타당한 것인가?
- 오늘날 한국 교회의 실정에서 크래머(및 스티븐스)의 아이디

어는 어디까지 수용 및 적용이 가능한가?

이러한 질문을 염두에 두고 책을 읽을 때 크래머의 『평신도 신학』은 그 소임을 다하게 될 것이다.

2014년 12월

송인규
(한국교회탐구센터 소장, 『정말 쉽고 재미있는 평신도 신학』 저자)

이 책은 1958년 2월 17일부터 28일까지 캠브리지에서 "평신도 신학"이란 제목으로 내가 강의한 헐시안 강좌(Hulsean Lectures)의 확대판이다. 똑같은 내용을 그 해 3월 10일부터 14일까지 에딘버러 뉴칼리지의 거닝 강좌(Gunning Lectures)에서 발제하려 했으나 질병 때문에 한 번밖에 하지 못했다.

이 기회에 헐시안 강좌와 거닝 강좌의 강사가 되는 영광을 안겨준 관계자들에게 진심으로 감사드린다.

특히 캠브리지의 웨스트민스터 칼리지에서 따스한 대접을 받도록 주선해준 화이트혼 박사 부부와 에딘버러에서 풍성한 우정을 베풀어준 틴달 박사 부부에게 고마움을 표하는 바이다. 그동안 내가 에딘버러의 왕립병원에서 국민 건강 서비스를 통해 의사들과 간호사들의 훌륭한 돌봄을 받은 것을 늘 감사하는 마음으로 기억할 것이다.

헨드릭 크래머

내 경험으로 보면, 서론이 그 책의 주제를 제대로 판단하는 데 꼭 필요한 내용을 담고 있어도 독자들은 잘 읽지 않는 것이 보통이다. 그래서 나는 짧은 서론으로 이 책을 시작할까 한다. 그 내용은 본문 배후에 있는 내면의 열망과 독특한 비전, 특정한 역사적 상황 등을 이해하는 데 꼭 필요하다.

이 책의 주제는 '평신도 신학'이다. 이는 오늘날 전 세계의 교회가 제발 다루어달라고 아우성을 치는 주제이다. 그럴 만한 원칙적인 이유도 있고 실제적인 이유도 있다.

교회 역사를 훑어보면 '교회의 평신도층'이란 주제가 신학에서 중요한 사안으로 관심을 끌고 철저하게 다뤄진 적이 한번도 없다. 그저 지나가는 길에 이따금 거론되거나 신자의 보편적 제사장직 같은 일반 주제를 다룰 때 언급되는 정도였다. 반면, 특히 16세기 종교개혁 이후 신학자들은 안수 받은 성직자의 훈련과 준비, 역할, 신분에 관한 신학적 주제는 꾸준히 다뤄왔다. 이것은 물론 교회론의 필수불가결한 일부이기 때문에 유익한 일이다.

이처럼 성직자 계층에만 신학적 관심을 기울이는 현상은 감독제를 채택하는 교회와 그렇지 않은 교회에 모두 해당한다. 심지어 요즈음 '신앙과 직제'의 후원과 지도 아래 진행되는 에큐메니컬 담론조차 다를 바 없다. 신앙과 직제 분과가 에큐메니컬한 교회 사역관을 새롭게 정립하도록 요구한 것은 옳지만 그들이 생각하는 것이 안수 받은 성직자의 사역에만 국한된다는 점은 다소 놀라운 일이다. 이것이 의외의 현상인 것은 신앙과 직제 분과가 WCC(세계교회협의회)의 자매 분과인 평신도 분과에서 진행되는 사상의 흐름을 인식하지 못하는 것처럼 보이기 때문이다.

전문 신학자들이 평신도의 신학적 '지위'를 교회의 일부분으로 인정하지 않고 그저 부차적인 주제로 다루든지 아예 무시하는 현상은 교회에 대한 왜곡된 이해 때문이라고 생각한다. 우리가 앞으로 거듭 살펴보겠지만, 지난 몇 십 년 동안 평신도의 위상과 중요성, 책임에 관한 문헌이 갈수록 늘고, 그에 따라 평신도에게 교회 봉사에 헌신하도록 더욱 촉구해온 것은 사실이다. 이런 문헌은 대부분 실제적이지만 귀중한 신학적 통찰을 다수 담고 있기도 하다.

그러나 교회의 본질과 소명에 내재되어 있는, 평신도의 지위와 의미에 대한 신학적 토대와 동인을 체계적으로 다룬 것은 아직까지 없었다. 적어도 로마가톨릭 밖의 '기독교' 세계 중에서는 그렇다는 말이다. 이 책은 진정한 평신도 신학의 정립을 위한 하나의 소박한 시도일 뿐이다.

이런 면에서는 우리의 로마가톨릭 형제들이 다른 진영에 속한 그리스도인들보다 앞서 가고 있다는 사실을 겸손하게 인정해야 한다. 1953년, 신학자이자 신부인 이브 콩가르가 *Jalons pour une Théologie du Laïcat*(교회 안의 평신도)라는 책을 출판했다. 이 큰 책 안에는 유명 인사의 신학 지식이 가득한데도 콩가르가 책 제목에 *jalons*(대략적인 방향 내지는 첫 시도)라는 단어를 포함시킨 것은 주목할 만하다. 그는 그것이 새로운 시도임을 알았기 때문에 하나의 결정판이라고 주장하지 않았다. 그보다 훨씬 작은 이 책에 대한 나의 입장도 마찬가지다.

이브스 콩가르는 그의 책 서론에서 로마가톨릭 특유의 방식으로 책의 주제를 설명하면서 오늘날의 역동적인 상황 때문에 새로운 환경에서 평신도를 다루게 되었다고 말한다. "평신도들은 언제나 교회에서 종속적인 계급을 형성하겠지만, 갈수록 그들이 완전한 권리와 과업을 지닌 교회의 유기적 지체들이라는 의식을 회복하는 중이다."

콩가르의 목표는 로마가톨릭 세계를 통틀어 강력한 '가톨릭 액션'(교회 당국의 지도나 위임에 따라 성직자의 사도직을 평신도가 돕는 일)의 기회주의적인 혹은 실용적인 동기를 돌파하여 거기에 신학적 기반을 제공하려는 것이다. 우리는 다음 두 가지 점에서 콩가르와

의견을 같이한다. 먼저는 교회 공동체의 중요한 구성요소로서의 평신도의 위상과 책임, 기능에 대한 신학적 정의(定義)에 대한 관심이다. 다음은 이런 신학적 정의가 교회에 대한 더 온전한 이해와 현대세계에서 교회의 더 적절한 과업 수행을 위해 반드시 필요하다는 확신이다.

이런 관심과 확신이 우리가 이미 암시한 평신도 신학이 정립되어야 할 일차적 이유이다. 이는 '평신도를 위한 신학'(a theology for the laity)이 아니라 '평신도의 신학'(a theology of the laity)이다. 이 둘은 분명히 구별되어야 한다. 평신도를 위한 신학이란 사안, 즉 평신도에게 필요한 신학적 정보의 종류와 양은 매우 중요하지만, 이것이 평신도의 신학과 혼동되어서는 안 된다. 그것은 교회가 평신도 신학의 중요성을 포착하여 교회의 영적 전략으로 삼을 때 생기는 결과 중 하나이다.

성경의 계시에 따라 교회를 좀 더 적절하게 이해하려는 것 자체만으로도 평신도의 구체적 위상과 소명을 신학적으로 다루는 일을 정당화하기에 충분한 이유가 된다. 하지만 보편적인 경험으로 보면 움직이기 싫어하는 인간본성(교회에서도 마찬가지다) 때문에라도 그럴 만한 필요성이 있다.

바깥세상이 우리가 이론적으로 견지하는 그 진리 속에 내재된 것을 알고 붙잡도록 강요하고 있다. 교회도 결코 예외가 아니다. 역사적으로 바깥세상에서 일어난 사회적·정치적·문화적 변혁의 자극을 받아 교회가 예수 그리스도에 대한 신앙과 하나님의 목적을 재발견하고 그 함의를 재해석한 경우가 적지 않았다. 이런 외적 동기유발은 특히 제2차 세계대전 동안과 그 이후에 두드러지게 나타났고, 그 결과 (우리가 나중에 살펴볼 이유들로 인해) 교회에 대한 사상 및 교회 활동과 관련하여 평신도의 입지가 새롭게 부각되었다. 특히 많은 교회에서 평신도의 복음전도 및 선교의 책임을 더욱 인식한 것도 한몫했다.

세계 도처에 있는 많은 교회에서 평신도의 참여와 활동이 폭발적으로 증가했고, 그에 대한 관심도 부쩍 늘어났다. 가령, WCC의 경우 암스테르담에서 열린 에큐메니컬 대회와 에반스턴 대회 및 이후의 집회를 비교해보면, 평신도의 이슈가 핵심 관심사로 떠올랐던 것을 알 수 있다. 특히 바드 볼(1951년)과 버팔로 (1952년)에서 개최된 평신도 대회들이 그런 추세를 잘 대변해준다. 크고 작은 평신도 운동이 곳곳에서 우후죽순처럼 일어나고 있다. 로마가톨릭 밖의 평신도 운동 중에 가장 중요한 독일의 '교회의 날'(Kirchentag) 운동은 그 에큐메니컬한 비전만 유지한다면 전망이 무척 밝다.

현재 평신도를 수동적 자세와 방관자적 태도에서 탈피시키려는 움직임이 계속 일어나는 중이다. 평신도의 '동원'과 특별 훈련, 그리고 그들의 활성화를 도모하는 노력을 많은 곳에서 기울이고 있다. 특히 유럽의 여러 나라와 영국에서는 세속적 전문직에 몸담은 새로운 부류가 평신도 신학자로도 활약하는 중이다. 그리하여 '평신도의 사역' 같은 말이 (사람들이 그 뜻을 잘 모르면서도) 점차 유행을 타고 있다.

나중에 이런 추세와 그 파급 효과를 다루게 될 것이다. 서론적으로 언급한 이 몇 마디로 오늘날의 교회에서 평신도의 이슈가 얼마나 적실한지를 충분히 강조했다고 생각한다. 이 모든 새로운 활동과 실험과 탐구는 참으로 감사하고 기뻐할 만한 현상이다. 하지만 영구적인 신학적 토대가 없다면 결국 실패하고 말 것이다. 그런 확신 때문에 이 책을 쓰게 되었다.

이 운동은 만일 성경적 기반에서 잘 정립된 평신도 신학의 뒷받침을 받지 못하면 중심축 없이 그저 지나가는 일시적 현상으로 끝날 것이다. 이 신학은 새로운 교회론의 자연스런 일부가 될 터이고, 이런 교회론을 찾는 것이 현재 에큐메니컬 탐구의 핵심 요소 중 하나이다. 지금은 과거 어느 때보다 더 넓고 더 깊고 더 역동적인 교회론을 추구한다. 여기서 말하는 평신도 계층은 비상시에 지원군으로 소집되었다가 그 기간이 끝나면 그냥 흩어지는 존재가 아니다. 그런데 사실은 의식하든 하지 않든, 이것이 오늘날에 풍미하는 태도와 개념이다. 이 책의 목적은 좀 더 근본적인 차원에서 그와는 매우 다른 방향을 가리키는 데 있다.

이 책의 구조는 두 부분으로 나뉘어 있다. 첫 두 장은 순전히 실용적이고 역사적인 방식으로 이 주제에 접근한다. 하지만 모든 것을 망라하는 내용은 아니다. 여기서 '평신도'와 '평신도층'이라는 용어들은 잠정적으로 교회의 평범한 교인이란 의미로 사용된다.

2장에서는 대체로 이런 폭넓은 의미를 견지하겠지만, 역사적인 고찰을 할 때에는 교회가 평신도의 지위를 이론적으로나 실제적으로 어떻게 생각했는지 살펴볼 것이다. 이런 실용적인 장들이 필요한 이유가 있다. 그 내용이 전혀 새롭기 때문이 아니라, 평신도 이슈를 온전히 다루려면 현 상황에서 교회와 세상에서 평신도의 지위와 책임을 재고하도록 압박하는 요인들을 설명하고, 역사적으로 평신도층의 분위기와 태도가 어느 방향으로 움직였는지 알아야 하기 때문이다.

이런 측면들을 진지하게 고려할 때에만 평신도 신학의 정립이 단지 이론적인 문제가 아니라 굉장히 실제적인 사안임을 증명할 수 있다. 좋은 사상이나 좋은 이론이 늘 그렇듯이, 그런 신학은 올바른 지식과 영적 분별력에 바탕을 둔 행동의 지속적인 원천이 된다.

3장과 4장은 평신도 신학을 위한 길을 닦아주고, 5장은 그 신학을 다루고 있다. 그리고 결론 부분은 '평신도의 사역'을 실질적인 용어로 통용시키는 데 필요한 다양하고 힘겨운 과업들을 간단명료하게 열거하고 있다.

1

시대의 징조

❖

    콩가르 신부는 그의 책 *Jalons pour une Thèologie du Laïcat*(교회 안의 평신도)의 첫 대목을 어느 추기경과 사제의 대화에 담긴 흥미로운 일화로 시작한다. 이는 로마가톨릭교회 내에서 평신도가 이론적으로 또 실제적으로 얼마나 보잘것없는 존재인지를 보여주려는 의도이다. 그리고 몇 페이지 뒤에서는 로마가톨릭 법전에서 평신도는 "상당히 작은"[1] 자리를 차지하고 있다고 주저없이 인정하는데, 이는 교회법대전(*Corpus Juris Canonici*)을 살펴본 결과를 완곡하게 표현한 것이다. 그는 교회법대전이 완전히 사제 중심의 위계적인 구조라고 분명하게 주장한다.

    로마가톨릭 밖의 교회들이 어떻게 평신도의 지위를 규정했는지, 평신도가 어떻게 스스로를 생각하는지는 잠시 제쳐놓더라도, 그 바깥 세계에서조차 교회는 주로 성직자를 의미하는 것으로 간주되고 있는 실정이다. 이런 풍조 때문에 교회 안의 평신도들도 스스로를 B급의 보조적인 존재로 여기고 있다. 교회 밖의 사람들도 마찬가지이다. 이유는 분명하다. 대중의 눈에는 당연히 목회자들이 교회의 지배자요 행정가로 비치기 때문이다. 그들은 대체로 교회의 대변인 역할을 하거나, 진정한 대변인으로 간주되고 있다.

이와 같은 통념은 결국 교회의 삶과 증언에서 평신도가 지닌 실질적인 중요성을 가리는 역할을 한다. 따라서 어떤 계기로 평신도란 주제를 다루는 경우에도 사람들은 오로지 평신도의 '지위'에만 관심을 둔 나머지 교회 역사에서 평신도 남녀가 종종 중요한 역할을 수행했다는 명백한 사실을 소홀히 하기 일쑤다.

이 사실을 인식하고 좀 더 나은 관점으로 사태를 조망하려면, 오늘날 평신도의 중요성이 새롭게 부상되고 있음을 보여주는 증거를 다루기 전에 먼저 과거의 다양한 실례들을 살펴보는 것이 좋을 듯하다. 오늘날의 현상은 "시대의 징조"라고 불러도 무방할 것이다. 오해를 피하기 위해 강조해야 할 점이 있다. 이 논의는 평신도를 찬양하거나 공식적인 교회 리더십을 고발하기 위해서가 아니라 흔히들 잊고 있는 유익한 사실들을 상기해서 왜곡된 교회상(像)을 바로잡기 위함이다.

아울러 모든 시대와 상황에서 평신도가 교회의 삶과 일에 어느 정도 참여하고 목회자의 지도를 순종적으로 수용하는 등, 그 존재 자체만으로도 매우 중요한 실체라는 자명한 사실을 일부러 지적할 생각도 없다. 우리는 평신도를 객체가 아닌 주체와 능동적 행위자로 볼 것이다.

오늘날의 연구가 분명히 밝힌 점이 있다. 교회 초창기에 열두 사도들이 차지했던 위치는 반복될 수 없는 유일무이한 것이었던 만큼, 우리가 사용하는 성직자나 평신도란 전문용어로 표현될 수 없다는 점이다. 그들은 예수님 부활의 증인과 세계 복음화를 위한 메신저가 되도록 그분의 부름을 직접 받았다. 따라서 그 특별한 위치로 보면 후계자가 없었다고 할 수 있다. 이 점을 유념할 때, 바울만 제외하고(바울의 사도직은 다메섹에 가는 길에 그리스도를 만나 이방인의 선교사로 부름을 받은 사건에 기초해 있다) 모든 사도가 명백히 평신도의 성격을 지니고 있었다는 것은 의미심장한 사실이다. 그들이 스승이신 예수를 좇는 '학생'이자 '추종자'였던 시절은 '세속적인' 직업을 그만두고 그분을 따르라는 부름을 받았을 때였다. 예수님의 십자가 죽음 이후 그들 중 다수가 예전의 세속 직업으로 되돌아갔던 것 같다. 사도행전 4장 13절에는 제사장들과 서기관들의 공회가 베드로와 요한의 담대한 증언에 깜짝 놀랐는데, 그들이 배운 게 없는(agrammatoi) 평범한(idiotai) 사람들인 줄 알고 더욱 그랬다고 기록되어 있다.

교회는 맨 처음 '평범한' 사람들의 증언과 활동으로 출범했다. 신약성경(특히 고린도전서 12장)에 나오는 "봉사"(diakonia) 혹은 (비전문적인 의미에서의) 사역(ministry)이 은사와 깊은 관계가 있었던 것을 볼 때, 이로부터 많은 사도와 선지자, 교사, 복음전도자 등(참고:

엡 4:11)이 평신도였다는 점을 도출할 수 있다. 바울의 동반자들도 대부분 헌신적인 평신도들이었다. 남자들뿐 아니라 여자들 역시 그런 평신도 "사역자들"이었다(참고: 행 18:26, 21:9; 롬 16). 신약성경은 대체로 직분이 아니라 기능과 소명에 관해 다룬다. 이는 교회의 삶과 증언에서 평신도들이 두드러진 역할을 했음을 의미한다.[2]

역사 속의 평신도

이런 사실들은 결코 새로운 게 아니다. 그러나 우리 관점이 역사적 산물인 현행 교회 구조와 뚜렷한 권한을 수반하는 위계적인 직분 제도에 크게 좌우되고 있기 때문에, 살아 있는 교회가 무엇인지를 분명히 보려면 이런 명백한 사실들을 반드시 상기할 필요가 있다. 그러므로 별 생각 없이 가볍게 넘어가는 사실, 즉 1세기 교회와 기독교 신앙의 확장은 주로 미처 기록되지 않은 보통 신자들의 증언을 통해 일어났다는 사실을 강조하는 일도 필요하다. 즉 기독교 신앙의 확장은 평신도의 말과 생활방식을 통해 일어났다.

이는 로널드 알렌의 *The Spontaneous Expansion of the Church*(교회의 자발적 확장)를 보여주는 진정한 실례들이다. 초기 교회와 첫 3세기의 이런 양상은 위대한 교부들, 곧 초기의 뛰어난 신학 사상가들 대부분이 매우 유능한 평신도들이었다는 사실과 연관이 있다. 몇 명만 언급하자면 테르툴리아누스와 키프리아누스, 아우구스티누스 등이다. 이 가운데 그들이 받은 교육과 오랜 세속적 경력에도 불구하고 뜻밖에 주교가 된 키프리아누스와 아우구스티누스는 평신도였다. 이 자명한 사실을 일부러 진술하는 것은 교부라는 이유로 그들을 (평신도가 아닌) 신학자의 범주에 억지로 끼워 넣은 나머지, 그들이 실은 생각하는 평신도였다는 사실을 완전히 잊어버리거나 무시하고 있는 실정 때문이다.

4세기에서부터 중세를 거치는 동안 (동방과 서방의) 다양한 형태의 수도원 운동과 조직이 교회의 삶에서 두드러진 역할을 수행했다. 우리는 이 운동을 평신도의 지위는 제쳐놓고 평신도의 중요성이라는 관점에서 고찰할 것이다. 비록 수도원 운동이 초기 단계를 지나면 교회의 위계 구조에 철저히 통합되고 수도사들은 '세속적 성직자'와 대비되는 '정식 성직자'가 되긴 했지만, 그 운동의 기원과 부산물은 평신도의 주도권과 활동에 대해 많은 것을 보여준다.

콩가르는 그의 책에서, 수도사의 조건은 성직자의 직무에 해당하는 "신성한" 사역에 의해 규정되지 않는다고 명백히 말한다. 동방의 초기 수도사들은 전례의 삶을 전혀 살지 않았고, 서방의 어떤 수도원들에서는 중세에 수도사가 아닌 (평신도) 교역자들이 수도원 회중을 담당했다. 수도사는 안수를 받고 사제가 될 수도 있지만 반드시 그럴 필요는 없다. 수도사의 본질적인 특징은 '성직'

내지는 기능은 없지만 세상을 떠나 완전한 복음적인 삶을 영위하는 데 있다. 그것은 자신을 하나님과 거룩함에 완전히 헌신하는 '영웅적인' 삶이다. 그것은 세상을 포기하는 것이었지만, 한편으로는 문화적·사회적으로 세상을 변화시키려는 노력을 낳기도 했다.

그러므로 수도원주의가 완전히 교회조직에 통합되긴 했지만, 그 운동이 평신도에게 많은 영감을 주었다고 말하는 것이 옳을 듯하다. 중세에 프랑스에서 활동했던 "방랑하는" 전도자들과 1215년 제4회 라테란 공의회가 열릴 때까지 감독의 승인 없이 주로 평신도들이 수행했던 탁발수도회의 전도활동, 수도회에 소속하여 어느 정도 금욕적인 계율을 지키며 세속인으로 살았던 수사들과 수녀들 등은 잘 알려진 본보기들이다. 특히 13세기에 그들은 도시 인구에 상당한 사회적 영향력을 행사했다. 그 중에서 프란체스코 수도회의 수사들이 언제나 가장 중요한 인물들로 꼽혔고 오늘까지 열심히 활동하고 있다. 구성원들이 세속 직업에 종사하는 이런 단체들과 여러 협회들은 주로 신앙 활동과 자선사업에 헌신한다. 1917년의 교회법대전은 그들의 활동 범위를 규정했다. 중세에 생긴 수도원적인 기사(騎士)회 역시 평신도 활동의 또 다른 실례이다.

중세에 적극적으로 세상적인 교회에 항거하고 청빈과 검소한 삶을 갈망하며 일어난 혁명적인 운동인 카타르파, 왈도파, 롤라

드파 등도 평신도가 주도한 움직임이었다. 그들은 큰 설교 운동을 전개하며 성경으로 돌아가자고 외쳤다. 그리고 개혁에의 의지에 불탔다. 그들은 여러 면에서 이단이었고 공식 교회의 비타협적인 태도 때문에 더욱 이단으로 몰렸다. 하지만, 영적 활력과 평신도의 독립성, 진정한 신앙생활에 대한 갈망 등을 확실히 보여주었다.

중세에는 평신도가 대체로 순종적이고 유순한 모습을 보여주었으나 그들의 중요성이 부각된 곳은 카리스마와 관련된 분야였다. 이를테면, 피터 왈도, 단테, 아시시의 성 프란체스코 등이다. 마르틴 루터가 새로운 종교적 각성을 촉구했던 종교개혁은 후기 중세의 공의회 운동들과 같이 주로 평신도 운동이었다. 평범한 남자와 여자는 물론 사회적 지위가 높은 남자들도 이 종교개혁에 참여했다.

여러 면에서 매우 특이한 모습을 지녔던 잉글랜드에서의 종교개혁은 평신도의 활동이었다. 잉글랜드뿐 아니라 다른 곳에서도 개혁에 대한 촉구는 주로 평신도 계층에서 나왔다. 그들은 교회의 문제들이 자기네 책임이라고 주장했다. 이 점을 감안하면 잉글랜드 왕이 교황과 결별하고 스스로 교회의 최고 통치자(그 영역에서 가장 높은 평신도)라고 선언한 것이 성공한 이유를 알 수 있다.[3]

유럽 대륙에서 일어난 종교개혁에 사회적·정치적 요인들이 종교적 요인과 섞여 있었듯이, 이 모든 상황은 영적 불길과 정치적 불길 모두와 결부되어 있었다. 종교개혁파와 로마가톨릭파 모두 마찬가지였다. 그러나 서양 역사의 큰 전환점의 하나였던 이 거대한 규모의 종교 혁명에서 평신도 계층이 원동력을 제공했다는 것은 부인할 수 없는 사실이다.

우리가 교회 내에서의 평신도의 '지위'를 어떻게 생각하든지 상관없이, 종교개혁은 평신도의 실질적인 중요성을 보여준 아주 명백한 실례이다. 누구나 이 점을 알고 있다. 하지만 아무도 그것을 미처 깨닫지 못하고 있다. 우리가 종교개혁과 루터와 칼뱅 같은 이름들을 생각할 때면 머리가 온통 신학적 논쟁들로 가득차서, 또 다른 기본적인 사실인 평신도의 엄청난 추진력은 그만 가려지고 만다.

더 나아가, 우리의 사고방식이 세속화된 나머지 종교와 교회의 문제는 당연히 성직자와 신학자의 몫이고, 평신도의 역할은 주로 정치적·사회적 부문에 국한된다고 생각한다. 이런 현대인의 사고방식 때문에 16세기에는 종교와 사회, 정치가 불가분의 관계로 서로 얽혀 있었다는 사실을 잊어버리기 십상이다. 우리 시대는 교회와 종교가 각각 별개의 영역을 점유하고 있어서 그와 같은 상황을 상상하기가 힘들다.

특별히 흥미로운 점이 있다. 종교개혁 당시에 종교적이고 신학적인 책과 팸플릿의 출판을 통해 기여한 다수의 유능한 평신도들이 있었지만(주로 프랑스와 잉글랜드, 네덜란드, 독일, 스위스 출신들이 좋은 자료를 제공했다), 기독교 역사상 가장 두드러진 본보기를 들자면 평신도였으나 신학자가 된 위대한 종교개혁자 장 칼뱅이다.

유명한 『기독교 강요』는 전문 신학자나 성직자의 작품이 아니라 평신도의 작품임을 잊어서는 안 된다. 그는 인문학과 법학을 공부한 사람이었다. 그의 갑작스러운 회심을 계기로 비범한 재능과 학식을 겸한 평신도가 종교개혁 운동에 투신하고 개인적인 성경연구와 학문적 탐구에 몰두했던 것이다. 『기독교 강요』의 출판 이후 1535년에 이르러서야 그는 파렐(Farel)의 강청에 못 이겨 위험한 상황에 처해 있던 제네바 종교개혁의 지도자가 되고, 신학선생이 되었으며, 부득이 회중의 목사 내지는 성직자의 일원으로 변모했다.[4]

교회 내 평신도의 책임 있는 위치와 신자의 보편적 제사장직의 원리가 종교개혁 운동의 중요한 요소였던 것은 사실이다. 그럼에도 유럽 대륙의 경우 여러 나라에서 종교개혁이 공고해진 뒤에 평신도는 무대 뒤로 물러나고, 비록 예전과는 다른 동기와 형태이긴 해도 '성직'이 다시금 교회를 대표하는 직분으로 자리를 잡았다. 이것이 현재의 논의에서는 흔히 "목사의 교회"라는 말로 묘사된다.[5]

앵글로 색슨의 경우

하지만 앵글로 색슨 나라들의 상황은 여러 면에서 다르다. 이곳에서의 평신도 운동은 주로 성공회든 장로교든 '국교회'와 자유 교회들 간의 큰 갈등 때문에 생겼다. 국교회 주창자들은 주로 교회와 국가의 일치를 이상으로 삼고 있었다. 반면에 자유 교회들은 평신도가 필수적인 부분을 차지하는 '모인 공동체'의 이념에 따라 살았다.

우리의 목적상 여기서 지적할 점은 그 모든 갈등과 소동 중에서도 '독립파' 운동은 평신도들이 주도했다는 것이다. 그들이 서양의 근대를 이끄는 선두주자가 되어 근대 서구사회의 형성에 큰 영향력을 행사했다. 그들의 진영에서 오늘날 우리가 민주적 생활방식이라 부르는 것의 씨앗과 패턴이 탄생했을 뿐만 아니라 그 원형까지 드러났다. 예컨대, 관용의 원칙이 그 진영에서 탄생했다.

이 원칙은 많은 오해와 곡해에도 불구하고 근대 세계의 큰 문화적 가치이자 근대적인 토론 기술로 꼽히는데, 그 목적은 진리에 대한 공동의 이해를 바탕으로 다함께 공동의 문제에 대한 더 만족스러운 해결책을 찾는 데 있다. 이런 의미에서 현대 민주주의는 그 뿌리에 관한 한 계몽주의의 공격 못지않게 그와 전혀 다른 교회 내의 성경 중심적인 발전에도 빚을 지고 있는 셈이다.

퀘이커 운동, 특히 교회의 급진적 세속화 현상은 평신도의 실질적 중요성을 보여주는 또 다른 본보기다. 17세기는 또한 저명한 평신도 신학자들이 큰 영향력을 발휘했던 시대이다. 번연과 밀턴, 라이프니츠, 휴고 그로티우스 등이 머릿속에 먼저 떠오른다. 존 로크는 평신도 신학자라고 불러도 무방한 인물이다. 그는 물론 철학자와 정치사상가로서 획기적인 인물이지만, 충실한 그리스도인으로서 *Reasonableness of Christianity, As Delivered in the Scriptures*(성경에 나온 기독교의 합리성, 1695)라는 책에서 그의 신학적 통찰을 테스트했다는 사실을 잊으면 안 된다. 이것을 지금은 이신론의 범주에 포함시키지만, 당시만 해도 그것은 한 그리스도인 평신도의 작품이었다.

평신도의 실질적인 중요성과 관련하여 흔히 간과되는 분야는 이른바 근대 선교 운동의 기원과 발달인데, 이 운동은 평신도들의 헌신과 희생정신에 큰 빚을 졌다. 미국의 '대각성' 운동과 잉글랜드에서의 웨슬리 부흥운동, 유럽 대륙에서 종교적 중생운동으로 일어난 경건주의 등이 영적 풍토를 조성해준 덕분에 온 세계를 아우르는 그 놀라운 선교 운동이 폭발했던 것이다.

로마가톨릭 밖의 제도 교회는 17세기 후반과 18세기 전반에 걸쳐 안전한 정통교리 내에서 굳게 자리를 잡았거나(유럽 대륙) 편안한 광교회파 안에서 잠을 자고 있었다. 이 정통파의 시대는 교회의 선교적 의무와 관련하여, 이런 의무가 당시의 교회에 타당성이 없다는 것을 증명하는 다양한 이론들을 만들었다. 그 이유는 어떤 식으로든 과거에 복음이 세계의 여러 민족에 전파되었다가 퇴짜를 맞았기 때문이라고 했다.

이 요새를 무너뜨리려고 시도했던(1663) 인물은 독일의 유스티니안 폰 벨츠라는 평신도였으나 그의 도전은 광야에서 외치는 소리에 불과했다. 하지만 위대한 부흥운동들이 상황을 완전히 바꿔놓았다. 또 다른 평신도인 니콜라우스 폰 진젠도르프(1700-1760)는 모라비아 형제단과 접촉해서 그 작은 평신도 집단을 세계 선교를 위한 용감하고 헌신적인 단체로 만들었다.

여기서 강조하고자 하는 점은 오늘까지 선교활동이 늘어나는 과정에서 비기독교 국가에서 수행한 선교사역의 여러 측면에 평신도들이 은사를 발휘하여 기여했다는 것이다. 국내 선교에서와 마찬가지로 현대의 해외 선교에서도 항상 그랬다. 평범한 유럽인 평신도들이 비기독교 국가에서 살다가 순전히 복음전도의 기쁨 때문에 혈혈단신 교회를 개척한 훌륭한 사례들도 있을 것이다. 19세기의 학생자발운동(Student Volunteer Movement)은 평신도가 주도한 또 하나의 좋은 본보기다. 그런데 이 선교 운동은 평신도의 주도권에 힘입어 시작되었다가 확산되는 과정에서 점차 교회의 과업으로 인식되었고, 나중에는 지나칠 정도로 성직자의 손에 넘어갔다.

유럽의 경우, 대부분의 선교단체들이 평신도들 중에서 선교사를 모집했으므로 오랫동안 평신도의 색채를 유지할 수 있었다. 그들이 국내에서와는 달리 선교지에서는 성직자의 모든 사역을 수행하는 일종의 '작은 성직자'였기 때문이다.

평신도의 중요성과 관련하여 19세기가 지닌 특징이 있었다. 그것은 로마가톨릭 밖의 세계에서 명백히 드러났듯이, 교회의 일반적인 기능과는 별개로 조직화된 평신도 활동이 강하게 표출되었다는 점이다. 로마가톨릭교회 역시 다양한 평신도 운동을 새롭게 펼쳤지만, 그들은 로마가톨릭교회의 본성에 따라 언제나 어떤 성직자의 감독 아래서 활동했을 뿐이다. 반면에 다른 교회들의 평신도들이 펼친 모든 활동이 다 교회에서 분리된 것은 아니지만 대체로 그랬다.

그 이유는 분명하다. 서구사회가 교회의 권위적인 지도에서 해방되어 새로운 세속화의 길에 진입했기 때문에 교회와 기독교를 탈피하는 과정이 불가피했던 것이다. 경제적·정치적·사회적 결과를 수반한 산업혁명은 사회를 해체하고 혼란을 초래했다. 그런데 교회는 혼란과 급격한 변동을 겪는 그 사회에 어떻게 대처하고 어떤 태도를 취해야 할지 몰랐다. 그리하여 과거의 안정된 사회에서는 있는지도 몰랐던 새로운 문제들과 과제들이 대규모로 발생했고, 특히 인간관계와 환경의 분야에서 그랬다. 설사 그런 문제가 과거에도 존재했더라도 그처럼 대규모는 분명 아니었다. 거의 의회 민주주의의 형태를 띤 정치 생활은 시민의 책임을 새

롭게 일깨워주었다. 자연과 정신 분야에서의 엄청난 과학적 진보
는 탐구적이고 비판적인 정신을 요구했고, 기독교와 기독교 전통
의 진리와 가치에 유별난 방식으로 의문을 제기했다.

그런 상황에서 19세기에 발생한 평신도의 주도권은 조직성과
자율성, 확장성을 그 특징으로 삼아 YMCA(1844)와 YWCA라는
유명한 단체로 구현되었다. 훗날에는 세계기독교학생연맹(World
Student Christian Federation, 1896)이 그 뒤를 따랐다. 이들은 오늘날
의 기독교 세계에서도 중요한 위치를 점하고 있다. 이들은 모두
그 전신이라고 할 수 있는, 18세기와 19세기를 특징지었던 '대각
성 운동'과 부흥운동의 색채를 띠고 있다. 이 단체들은 일차적으
로 복음전도와 선교 중심적인 안목을 갖고 있다. 이른바 YMCA
의 파리 기준(1855)은 그 목표를 근대 선교의 위대한 반포자의 언
어로 표현하고 있다. "YMCA는…자기네 노력을 사람들 사이에서
그분(예수 그리스도)의 나라를 확장하고자 하는 젊은이들과 연합
하고자 한다." 이 단체들은 국제적이고 초(超)종파적인 성격을 띠
고 있다. 이 단체들은 오늘처럼 혼란한 시대에 젊은이들에게 많
은 기독교 교육을 제공했다. 아울러 여러 방향으로 사회적 봉사
와 문화적 봉사를 추진했다.

세계기독교학생연맹도 동일한 선교정신으로 출범했으나 전 세
계적으로 오직 학생들에게만 초점을 맞춘 운동이다. 특히 세계기
독교학생연맹은 20세기에 매우 의미심장한 것으로 입증된 새로

운 요소를 더했다. 그것은 바로 에큐메니컬 운동에 대한 관심이다. 현재 에큐메니컬 운동의 신조와 같은 '선교와 연합'은 처음부터 이 연맹의 기본 원칙이었다. YMCA는 1955년에 에큐메니컬한 방향으로의 전환을 이렇게 표명했다. "이는 보편적인 교회 내에 있는 초교파적이고 초종파적인 단체이다."

이런 젊은이 운동들은 평신도 주도권이 낳은 열매이다. 조지 윌리엄스와 앙리 뒤낭, 존 모트, 루스 루즈 등과 같은 이름들만 거론해도 이 사실이 명백히 드러난다. 지금까지 수행된 활동은 주로 평신도들의 몫이었다. 이 점은 19세기의 진취적인 복음전도 캠페인들에도 해당된다. 무디(Moody)와 그의 동료들은 분명히 카리스마를 지닌 평신도들이었다. 평신도의 비전과 책임감이 낳은 이 위대한 운동들이 원칙적으로 교회의 소명에 해당한다는 것, 하지만 너무 엉성하고 방어적이고 비전을 상실했던 19세기 교회가 수행할 수 없었던 것을 평신도들이 '대신해서' 수행했다는 사실은 아무리 강조해도 지나치지 않다.

이런 단체들은 그리스도인으로서 국가와 사회에 책임을 느끼는 유능한 지도자들을 많이 배출했다. 그 단체들은 에큐메니컬 운동에 리더십과 추동력과 비전을 제공하는 등 이 운동의 확장을 위한 일종의 예비학교였다. 특히 세계기독학생연맹은 지구상의 온 교회를 대신하여 선구적인 에큐메니컬 사상의 실험실과 같은 역할을 해왔다.

이처럼 그리스도인의 순종과 증언의 표상으로 평신도가 부상한 것은 현대 교회 역사의 중요한 현상 중 하나이다. 같은 기간 로마가톨릭교회를 살펴봐도 동일한 모습이 나타난다. 중요한 차이점이 있다면, 성직 계급이 이런 평신도 활동의 분출을 통제했을 뿐 아니라 그것을 지도하고 고무시키기도 했다는 것이다.

이런 위대한 청년 운동들의 고찰을 마무리하면서, 이 운동들의 의의는 교회를 위해 지극히 유용한 존재였다는 사실에 있다고 말해야겠다. 그 운동들은 단지 세속적인 시대의 우선적인 이슈, 곧 교회와 세상의 만남과 그 관계를 규정하는 방법에 기여했다는 이유만으로 중요한 것이 아니다. 우리는 19세기와 20세기에 그리스도인으로서 당대의 큰 공적 이슈들과 관련하여 중요한 역할을 담당했던 다수의 위대한 평신도 남녀를 기억해야 마땅하다.

평신도 이슈

이제까지 다룬 내용은 이번 장의 제목인 "시대의 징조"에 어울리는 서론적 고찰에 불과하다. 19세기와 오늘날의 운동 사이에 큰 차이점이 있다면, 19세기에 우리가 살펴본 중요한 평신도 운동들이 탄생했는데도 소위 '평신도 이슈'에 대한 토론은 없었다는 사실이다. 평신도 남자와 여자는 오늘날처럼 큰 관심사가 아니었고 평신도의 위상과 기여에 관한 많은 선언의 대상도 아니었다.

이런 면에서 오늘날 이루어지는 교회 일부로서의 평신도의 의의와 기능에 대한 신중한 고려는 (잘 조직된 평신도 운동들이 탄생했던) 19세기보다는 (평신도들 사이에 상당한 움직임이 있었던) 14세기와 더 비슷하다고 할 수 있다. 그 원인을 찾는다면, 무엇보다도 에큐메니컬 운동과 신앙의 중요한 일부인 교회에 대한 신학적 관심, 성경적 관점의 부활 등을 들 수 있다.

제2차 세계대전 이전의 몇 십 년 동안 다양한 교회들이 평신도를 교회의 삶과 봉사에 더 많이 참여시키기 위해 동원하려고 노력한 것을 볼 수 있다. 하지만 평신도의 중요성에 대한 명확한 견해는 1937년에 열릴 옥스퍼드 에큐메니컬 대회를 준비하는 과정에 올드햄과 비셀 후프트가 쓴 *The Function of the Church*(교회의 기능)라는 책에 나온다.

이 책에서 올드햄 박사는 교회와 세상 간의 풍성한 관계를 새롭게 하기 위해 평신도의 전략적 중요성에 관한 하나의 논지를 개발했다. 이는 교회의 평신도층이 그 전략적 중요성을 입증할 수 있도록 교회가 새로운 가르침과 교육 활동을 반드시 떠맡아야 한다고 도전하는 내용이었다. 다른 글에서는 동일한 주제들을 다른 각도로 접근하면서 일과 '일상생활'에 관한 신학의 도입이 시급하다고 역설했다.

이와 같은 올드햄 박사의 접근은 상당히 새로운 것이었다. 왜냐하면 그것은 존 모트 박사가 평신도 선교 운동에서 수행했듯이 교회 사역을 위해 다양한 목적으로 평신도를 동원한 것이 아니라, 평신도를 세상 속에서의 교회의 소명과 기능, 그리고 교회의 한 모습(expression)으로 보았기 때문이다. 이 새로운 접근이 잉글랜드에서는 '크리스천 뉴스레터'와 개척 운동(the Frontier Movement)으로 구현되었다.

그 배후의 관심사는 기독교 신앙이 현대의 모든 문제와 필요, 삶의 영역에 적실하다는 것을 새롭게 발견하고 보여주는 데 있었다. 실제적인 차원에서 이 새로운 접근은, 세속 직업에 몸담은 그리스도인이 기독교와는 다른 원리와 목표에 따라 움직이는 세상에서 어떤 존재가 되어야 하는지에 초점을 맞추었다.

이밖에도 올드햄 박사는 예루살렘에서 열린 세계선교대회(1928년)를 통해 '기독교' 세계에 현대 생활의 지배적인 특징인 '세속주의'와 그것이 교회에 던지는 도전을 일깨워준 인물이었다. 그러므로 그가 옥스퍼드 대회 이후 교회와 세상의 관계에 주목한 것은 그 도전에 응답하는 방법을 찾으려는 노력이었다고 할 수 있다.

유럽 대륙에서는 이와 다른 원인들로 평신도를 무대 전면으로 불러왔다. 이런 현상은 특히 나치의 점령으로 인해 교회가 그 신뢰성을 재고하고 회복해야 했던 나라들에서 일어났다. 많은 교회가 성직자가 부족한 위험한 상황에 처하게 되자, 정규 성직자 없이도 계속 움직일 수 있는지 여부를 묻지 않을 수 없었다.

이 문제를 붙들고 씨름하는 중에 종종 긍정적인 대답을 찾게 되었다. 그 가운데 하나는 평상시에는 묻혀 있던, 교회 사역에 필요한 많은 재능과 은사를 발견하게 된 것이다. 교회 내의 다양한 봉사와 은사를 다루는 고린도전서 12장이 오랜 세월 동안 그저 강단에서 읽히는 무기력한 말씀으로 존재했다가 지금은 교회에 대한 새로운 안목을 열어주었다.

평신도의 출현을 보여주는 가장 두드러진 본보기 중 하나는 실레지아(Silesia)에 있던 독일 복음주의 교회이다. 이 교회는 예전에 200명의 목사가 있었으나 그 지방이 폴란드에 복속되자 모두 떠나고 단 두 명만 남은 경우였다. 그리하여 평신도들이 설교를 비롯한 주일 예배와 성례의 집행, 성인과 젊은이를 위한 신앙교육, 온갖 목회 사역 등 교회의 모든 사역을 떠맡았다.

새로운 상황에 직면한 교회들은 혼란한 세상의 한복판에서 그들의 청지기적 소명을 자문하면서 새로운 부흥을 경험했다. 그 교회들은 그들의 평신도를 생각하다가 평신도가 그동안 회수불능의 대부금으로 존재했다는 사실을 깨달았다. 더구나 피점령국의 많은 평신도가 그들의 이념을 고수하느라 직업을 잃게 되자 상당수가 교회부흥을 위한 새로운 활동에 뛰어들었고, 많은 사람이 평신도의 의의를 재고하지 않을 수 없었다.

이와 같이 제2차 세계대전은 교회의 존재와 삶의 한 모습으로서의 평신도의 중요성과 책임, 그리고 교회가 세상에 미치는 영향에 대해 재고하도록 만들었다는 점에서 귀중한 유산을 남긴 셈이다. 그런데 이런 한시적인 평신도 참여는 비상대책에 지나지 않아서 전쟁이 끝나고 교회가 정상화되어 성직자를 제대로 공급받으면 곧 사라질 수 있고, 또 사라져야 한다고 생각하는 풍조가 다분히 있었다.

그런 태도를 보여주는 증거와 교회의 진정한 본질에 대한 무지, 규범과 영적 통일성을 상실한 세상에서 교회가 받은 엄청난 소명을 분별하지 못하는 모습이 도처에 널려 있었다. 그러나 다행스럽게도, 전쟁 기간에 출현했던 '평신도 이슈'는 제도적인 교회가 정상적으로 복귀한 뒤에도 포기되거나 억제되지 않았다. 그것은 여기서 설명하려고 하는 '시대의 징조' 때문이라고 생각한다.

우리는 주로 유럽 대륙과 잉글랜드의 징조를 다룰 것이다. 이유인즉 그런 질문들이 가장 뚜렷이 제기된 곳이 그 두 지역이었기 때문이다. 또 우리에게 필요한 것은 회복이 아닌 개혁이란 확신이 가장 강했던 곳 역시 그 두 지역이었다. 그렇다고 해서 미국에서 일어난 평신도 참여는 무시해도 좋다는 뜻은 아니다. 양적으로 보면 미국의 경우가 유럽과 영국의 경우보다 훨씬 크다. 그 운동에 쏟아 부은 열정(혹은 이상주의)과 헌신은 당연히 존중되어야 한다.

미국에서의 여성 운동은 오랫동안 교회의 삶에서 큰 자리를 차지해왔다. 뛰어난 남자와 여자는 물론 평범한 교인들이 성인 예배 및 어린이 주일학교에서 봉사하는 것은 평신도 참여의 좋은 본보기다. 전쟁 이후에 발달한 큰 교단들의 남성 운동은 다양한 활동을 전개한다. 미국에서 일어나는 활동의 강도와 분량은 유럽과 영국에서의 그것을 압도하고도 남는다.

그렇지만 '평신도 이슈'를 규정짓는 문제에 초점을 맞추다 보니 유럽에 주목하지 않을 수 없다. 19세기 이후 미국의 기독교는 세계에서 가장 평신도 중심적인 형태의 기독교로 존재해왔다. 하지만 거기에는 신학적인 이유가 아닌 실용적인 이유가 있었다. 그래서 미국의 상황은 전혀 다르다. 유럽과는 달리 대중적인 '종교'가 풍미하고 종교적인 붐이 일어날 뿐 아니라, 평신도 운동을 주로 동원과 모집의 견지에서 생각한다. 또 새로운 교회 개념은 그저 산발적으로 눈에 띌 따름이다.[6] 현재 미국과 유럽에 "평신도의 르네상스"가 도래했다고 말해도 무방하다. 두 세계 모두 평신도를 많이 거론하고는 있지만 그 전제들은 서로 다르다.

부흥을 도모하는 기관들

오늘날 평신도에게 교회의 삶과 과업에 더 깊이 참여하라는 요청이 있는데, 이는 이른바 '평신도의 일'을 갈수록 더 크고 더 낫게 만들려는 양상으로 드러날 뿐 아니라 '평신도 이슈'라는 더 깊은 차원의 문제로 이어지고 있다. '평신도 이슈'는 평신도층이 일차적으로 충분히 활용되지 않는 인력 저장소가 아니라 과연 교회의 필수 부분인지에 대한 해답을 찾는 일이다.

이런 현상의 배후에는 두 가지 중요한 원인이 있다. 하나는, 여러 새로운 센터들이 평신도들로 하여금 현대사회에서 말과 활동을 통한 교회의 증언에 새롭게 참여하게 하는 방법을 모색하려는 노력이고, 다른 하나는 에큐메니컬 운동이다.

1. 이런 센터들은 평신도 분과가 *Signs of Renewal*(부흥의 징조)이라는 제목으로 출간한 소책자에 잘 묘사되어 있다. 에반스턴 대회 이후에 출판된 이 책자의 후기는 다음과 같은 바람직한 질문들을 제기한다. "과연 교회의 평신도들은 오늘날 진짜 신앙의 전투가 벌어지는 세상의 영역들(공장과 가게, 정당, 정부 기관 등)에 충분히 관여하고 있는가? 오히려 이 세상의 정신과 기준과 기대를 따르기 때문에 점차 세상에 흡수되고 있는 것은 아닌가? 대부분의 교인이 두 종류의 윤리(하나는 사적인 주일의 삶을 위한 것이고 다른 하나는 평일의 직장생활을 위한 것)를 좇는 정신분열적인 삶을 영위하고 있지는 않은가? 그리스도인은 남은 자답게 진정 세상의 소금으로 거기에 살고 있는가? 그와 달리 전쟁터에서 멀리 떨어져 있지는 않은가?"

내가 보기에는, 평신도 계층이 증인의 삶과 관련하여 대부분의 시간을 보내는 생활 현장에서 영적 무기력증과 무지함을 느끼고 있는 것 같다. 이는 참으로 끔찍한 문제가 아닐 수 없다. 이 평신도들이 전략적으로 중요한 삶의 영역에서는 무능하고 마비되어 있지만 교회에서는 열심히 예배하고 온갖 봉사활동을 수행하기 때문에 그런 사실이 감춰져 있을 뿐이다. 이 문제가 더욱 끔찍하게 느껴지는 이유는 현대세계에서 교회의 적실성이 이런 무능하고 무력한 계층을 능력과 영의 화신으로 바꾸는 데 달려 있기 때문이다.

그 후기에는 또한 거기에 묘사된 센터들은 이런 질문들을 가장 중요한 문제로 여기는 사람들이 주도해서 만든 것이라고 쓰여 있다. 그러므로 우리는 몇몇 센터들을 살펴보며, 오늘날 그리스도인다운 존재가 된다는 것이 무슨 뜻인지를 새롭게 발견하려는 '징조'로 이해할 필요가 있다.

독일에서 여러 '에반젤리컬 아카데미'(Evangelical Academy)가 발흥하고 성장한 현상은 전쟁에서 패배한 직후 독일이 직면한 절박한 상황과 영적·도덕적 무질서에 비추어 살펴봐야 한다. 이 기관들의 이름은 그런 배경을 갖고 있다. '아카데미'라는 이름은 오늘날의 의미가 아니라 원초적인 의미로 돌아가자는 취지를 담고 있다. 플라톤의 아카데미는 학교 내지는 학습의 장소가 아니라 함께 모여서 통찰력을 교환하던 장소였다. 그곳은 사람들이 하나님과 인간에 관한 진리를 다함께 추구하기 위해 서로 열린 대화를 나누던 장소였다.

그래서 에반젤리컬 아카데미는 교회와 세상 간의 대화를 위해 모이는 장소로 만들려고 설립한 기관이다. 사상을 나누는 자유로운 모임을 금지했던 히틀러 정권을 경험한 뒤에 설립된 그 기관들은 새로운 출발을 상징했고, 그리스도인들이 주도권을 잡았다는 것은 매우 중요한 사실이다.

1945년 4월, 최초의 에반젤리컬 아카데미를 설립하자는 결정이 내려졌다. 그곳은 다양한 직업을 가진 사람들이 교회의 대표자들과 함께 일상적인 믿음과 행위의 문제를 토론하는 장소가 될 것이었다. 그리하여 1945년 9월 29일, 바드 볼(Bad Boll)에서 이 아카데미가 출범되었다. 그 이후로 동독과 서독에서 그와 비슷한 열여덟 개의 아카데미가 설립되었다. 동독에 있는 다섯 개는 굉장히 어려운 가운데 있지만 그래도 존속하고 있다. 복음주의 아카데미 대표 회의의 관할로 묶여 있는 이 기관들은 그 목표를 다음과 같이 규정했다.

에반젤리컬 아카데미는 근본적인 재고(再考)와 연구의 장소, 담론의 장소이다. 이 기관들은 현대인이 일터에서 부딪히는 문제들을 다루고, 이 문제들의 한복판에서 복음의 빛 가운데 길을 찾도록 돕고, 그럼으로써 복음 안에 있는 삶의 통일성을 증언하기 위해 존재한다. '현대인'이란 단어는 교회와 기독교 신앙에서 소외된 사람들과 확신 있는 그리스도인들을 모두 포함한다. 모든 모임은 이 목표에 비추어 조직되고 개최된다. 그 어떤 의견이든 표현하고 복음에 대해 솔직히 증언할 수 있는 완전한 자유도 필수적인 요소이다. 그 바깥에 존재하는 다양한 그룹들과 출판물도 그 센터들의 연장이라 할 수 있다.

이 아카데미들은 바드 볼에 공동 연구센터를 두고 많은 문제들에 관한 기본 자료를 개발하고 있다. 이 아카데미들은 피부색에 상관없이 모든 견해와 접근을 가진 사람들에게 열려 있는 만큼, 정치적 독립성을 유지해야 마땅하다. 그들은 교회가 하나의 사역이므로 모든 사람이 서로 존경하는 가운데 자유롭게 만날 수 있는 장소를 제공한다는 것을 보여주고자 한다.

거기에서 분명히 하는 점이 두 가지 있다. 하나는, 삶의 모든 영역이 하나님의 주권적 능력 아래 있다는 것이다. 다른 하나는 하나님에 대한 순종으로만 온전히 표현될 수 있는, 우리의 모든 도덕적·종교적 행위는 세속적 현실의 맥락에서 일어나야 한다는 것이다.

다양한 에반젤리컬 아카데미들은 제각기 나름의 특징이 있고 상호 이해를 바탕으로 다양한 방향으로 전문화되어 있다. 이 아카데미들은 옛 독일 기독교계의 새로운 신경중추이다. 그들은 교회에 대한 새로운 이해, 교회의 증언의 번역, 세상에 대한 새로운 이해를 도모하는 작업에 착수한다. 그들이 자기네 과업을 제대로 이해한다면, 갈수록 새로운 유형의 깨어 있는 그리스도인을

평신도 신학

더 많이 양육하는 장소가 될 것이 틀림없다.

잘 알려진 '독일 교회의 날'(Kirchentag)은 평신도의 문제와 관련하여 매우 중요한 기관이다. 창립자 겸 지도자는 뛰어난 평신도인 폰 타덴-트리글라프(R. von Thadden-Trieglaff) 박사이다. 1949년 하노버에서 최초의 '교회의 날' 집회가 개최되었다. 이는 모든 교회의 평신도를 다함께 모아 세상의 모든 부문에서 그리스도인의 새로운 책임의식을 개발하고 표현하며, 용기와 영성을 겸비한 지적인 증언을 하도록 평신도를 교육하고자 만든 대규모 프로젝트이다. 이 운동은 에큐메니컬한 안목을 갖고 있고, 이와 동시에 세상과 그 문제 속으로 실제로 들어가 거기서 기독교적 증언의 자리를 발견하는 일이 제도 교회의 태도와 분위기와 행위의 근본적인 변화에 필요한 준비 단계라는 확신을 품고 있다. 그래서 그 작업은 대규모 연례 집회에 국한되지 않고, 언제나 사람들로 교회를 새롭게 이해하고 교인으로서의 위치와 세상에서의 위치를 제대로 인식하도록 돕는다.

'교회의 날'과 에반젤리컬 아카데미는 서로 협력하는 관계다. 둘을 비교하면, '교회의 날'이 에큐메니컬 영역에서 좀 더 자연스럽게 움직이고 그 뿌리를 유형 교회의 풍토에 내릴 필요성을 더 많이 인식하고 있는 편이다. 이런 강조점이 에반젤리컬 아카데미에 결여되어 있는 건 아니지만 부차적인 것에 불과하다. 이들은 독일의 영적·문화적 무대에서 강도 높게 신앙의 싸움을 벌이고 있기 때문이다. 양자 모두 제도 교회는 내향적 정신과 관심사 때문에 오늘의 상황에 대처할 능력이 없다고 확신하고 있다. 그들이 공유하는 또 다른 확신도 있다. 그들의 활동이 제도 교회와의 심한 갈등을 초래하고 많은 오해를 받을지라도, 세상을 더 잘 섬기기 위해 그 눈이 멀고 고집이 센 교회에 요구사항을 제시하고 도전하는 일을 마다하지 않겠다는 결단이다. 물론 유형 교회를 무용지물로 간주할 수 있는 위험은 언제나 존재한다(독일뿐만 아니라 '갱신의 징조'가 발견되는 모든 곳에서).

교회는 어디에 있든지 상관없이 새로운 패턴의 교회생활과 세상에 들어가는 새로운 진입로를 모색해야 한다. 이 점에서 이런 선구적인 기관들과 운동들이 큰 도움이 될 수 있다. 하지만 이런 기관들과 운동들은 또한 공통의 목적의식을 품는 동시에 유연한 태도를 취할 책임도 있다. 따라서 '깨어서 기도하는' 자세가 반드시 필요하다.

다른 유럽 국가들에 있는 센터들의 특징을 논하는 일, 아니 열거하는 일만 해도 조금 지나친 시도일지 모르겠다. 스위스의 '만너도르프'(Mannerdorf), 네덜란드의 '세상에 있는 교회'(Kerk en Wereld), 스웨덴의 '시그투나'(Sigtuna), 스코틀랜드의 '아이오나'(Iona) 공동체 등은 이미 잘 알려져 있다. 물론 나라마다 상황이 다르고 지도자들의 성격도 다르기 때문에 접근방법과 동기, 강조점도 조금씩 다를 수밖에 없다. 그럼에도 근본적인 관심사는 동일하다. 그것은 어떻게 하면 평신도와 제도 교회에 평신도들이 겉모습과는 반대로 세상 속에 있는 교회의 선두주자라는 생각을 각인시키는가 하는 문제였다.

네덜란드는 두 가지 이유로 짧게나마 언급할 필요가 있다. 첫째는 '세상에 있는 교회'의 새로운 시도 때문이다. 전쟁 직후에 설립된 이 기관은 현대세계에서 선교적인 교회가 된다는 것이 무슨 뜻인지를 연구하고 해석하는 모임 장소가 되었다. 뿐만 아니라 교회를 위해 새로운 유형의 일꾼을 (비학문적으로) 훈련하되, 전통적인 교회가 감당 못하는 전례 없는 상황에 잘 적응할 수 있게 하는 훈련센터가 되었다. 그것은 관습적인 목회자 훈련보다 훨씬 적실한 훈련이다. 둘째는 네덜란드 교회가 사회학 연구소를 창립했기 때문이다. 이 연구소는 오늘처럼 급변하는 세상에서 교회에 필요한 것은 건전한 신학뿐 아니라 교회 자체에 대한 현실적인 자기이해라는 확신으로 설립되었다. 사회학적 분석과 신학적 이해는 서로를 지지하는 관계라야 한다. 우리 시대의 곤경을 인식하는 사람이라면 누구나 이 점에 동의하겠지만, 문제는 전통적인 교회가 진정한 자기이해 및 교회 활동과 패턴의 개조에 필요한 도구를 스스로 창조해야 한다는 것이다. 연구와 토론은 정신을 일깨울지 몰라도 상황을 바꾸지는 못한다.

2. 두 번째 원인은 에큐메니컬 운동이다. '평신도의 르네상스'

는 '평신도 운동'으로 표출되었을 뿐만 아니라 평신도를 교회의 일부로 보는 새로운 개념을 점차 더 깊이 탐구했고, '평신도 이슈'가 교회의 시선을 끌도록 더욱 노력하기도 했다. 우리는 아직 갈 길이 멀다. 책임 있는 직책을 맡은 성직자들은 아직까지 하나같이 입으로만 평신도의 중요성을 긍정하는 실정이기 때문이다.

하지만 에큐메니컬 운동의 도움으로 중요한 일들이 성취되었다. 세계교회협의회(WCC) 첫 총회(1948, 암스테르담)는 하부 위원회의 관할 하에 평신도를 특별한 주제로 프로그램에 올렸다. 이런 조심스런 입장에도 불구하고, 총회 이전에 그에 관한 보고서가 제출되었을 때, 그 하부 위원회가 WCC의 후원 하에 세계 다른 지역들에서 평신도의 문제에 관한 대회를 조직하자고 제안한 것이 받아들여졌다.

그 결과, 1951년에 바드 볼에서 유럽 평신도 남성 대회가 열렸고, 1952년에는 버팔로에서 미국-캐나다 대회가 개최되었다. 둘다 그리 떠들썩한 대회는 아니었다. 하지만 그 대회들이 주창한, 현대세계에서의 교회 활동을 위한 평신도의 전략적 중요성과 여러 뜻밖의 문제와 이슈는 많은 지성인을 자극하는 계기가 되었다.

보세이(Bossey)에 소재한 에큐메니컬 연구소는 본래 제2차 세계대전 중에 평신도의 기여를 강화하고 개발하며 더 깊은 토대와 더 넓은 지평을 도모하기 위해 WCC 창립위원회가 의식적으로 시도한 기관이었다. 몇 년 뒤에 에큐메니컬 연구소가 교회와 세상의 문제에 전념하겠다고 발표했을 때에도 평신도 문제에 대한 특별한 책임감이 조금도 약해지지 않았다. 이 주제는 여전히 연구소 프로그램의 중심에 놓여 있었다. 이를 잘 보여준 것은 새로 임명된 평신도 사무국장을 그 연구소의 간사이기도 한 왈츠 박사 아래 두었다는 사실이다.

평신도의 문제와 관련하여 WCC가 추진한 가장 왕성한 움직임은 에반스턴에서 열릴 제2차 총회(1954)의 제6부 '평신도, 소명을 받은 그리스도인'에 대한 준비작업과 WCC 구조의 일부로 '평신도 분과'를 창설하기로 한 총회의 결정이었다. 제6부에 관한 보고서는 그리 인상적이지 못했다.

그 보고서의 단점은 직업과 그리스도인의 소명의 밀접한 관계가 그저 자명한 사실로 간주되는 데 그쳤다는 점이다. 또 일과 관련된 중요한 문제가 거의 절반을 차지하는 바람에 그리스도인이 몸담은 사회와 경제구조, 정치조직, 인간관계의 특징을 묘사하는 일에 초점을 맞추지 못했다는 점이다. 이런 점만 보완되었더라면 훨씬 도전적인 보고서가 되었을 것이다. 말하자면, 세속화되고 악마화된 세상에 대한 그리스도의 주 되심을 인정하는 평신도의 소명의식이 필요하다는 강조점이 건전한 현실주의를 창출했을 것이다.

그러나 이런 현실주의는 신앙의 현실적인 차원, 즉 신앙은 말씀으로 끝나지 않고 말씀과 함께 시작한다는 것과 사람에게 불가능한 일이 하나님에게는 가능하다는 것을 일깨워주었을 것이다. 오늘날의 복잡한 현실 세계에 대한 적절한 견해는 그리스도인들이 그들의 믿음을 새롭게 탐구하고, 평신도 이슈가 일차적으로 잘 조직된 행동의 문제가 아니라 신앙에 대한 새로운 이해의 문제라는 것을 깨닫게 해줄 것이다. 우리가 "현대사회에서 그리스도인다운 존재가 된다"는 말에 함축된 의미를 깊이 숙고하면 할수록 우리는 우리 자신의 부족함을 더 많이 인식하게 된다.

그 보고서의 최대 장점은 '평신도 사역'이란 제목이 달린 첫 부분이다. 거기에는 진정한 평신도 신학의 여러 요소들이 담겨 있는 만큼 이 점을 감사하는 마음으로 인정해야 마땅하다.

평신도와 관련된 모든 주장 중에서 평신도 사도직을 요구하는 목소리가 가장 강하다. 교회들은 선교의 의무를 재발견하고 갑자기 그 엄청난 과업을 인식하게 되자, 각 그리스도인 자체가 증인이자 선교사라는 논리로 평신도에게 도움을 구한다. 그러나 오랫동안 무시당하고 무지한 상태로 방치되었던 평신도들이 그런 요구에 반응할 능력이 없다는 사실을 발견한다. 그럼에도 유럽의 여러 지역에서 무척 독창적이고 과감한 복음화의 새로운 실험이 시도되었던 것도 사실이다.[7]

가장 두드러진 실험은 로마가톨릭에서 시도한 노동 사제(worker-priest)이다. 그 실험은 바티칸 칙령에 의해 매우 비참하게 끝나는 바람에 더욱 두드러졌다. 그러나 이런 훌륭한 시도가 로마교회 밖에서는 조용한 가운데 일어나고 있고 그에 못지않은 희생정신으로 수행되고 있음을 잊어서는 안 된다.

하지만 평신도와 관련해서는 로마가톨릭 세계 안에서 많은 시도가 이뤄지고 있는 것이 사실이다. 로마가톨릭 평신도들 사이에서는 특히 프랑스에 교회를 섬길 새로운 기회와 새로운 지위를 달라고 요구하는 목소리가 많은 편이다. 이런 목소리는 1930년 이후 '액션 가톨릭'(Action Catholique)이라는 단체로 구현되었다. 이에 대해 교황 비오 11세는 그의 회칙 서한에서 큰 관심을 표명했다. 이 운동이 바라는 바는 첫째로 교회다운 교회가 되는 것이고, 둘째로, 특히 '현세적인' 일상생활의 분야에서 '교회의 사도적 기능'을 훌륭하게 수행하는 것이다.

이 모든 노력과 관련하여 뛰어난 평신도 대변인으로 볼 수 있는 인물은 자크 마리탱(Jacques Maritain)이다. 이 운동의 중심에 있는 성직자들은 루박 신부, 콩가르, 다니엘루와 같이 에큐메니컬한 색채가 짙은 신학자들이다. 이들이 발간한 문헌은 방대하면서도 최상급이다. 가톨릭 평신도 대회에서 논의되는 문제들을 보면 여러 면에서 가톨릭 밖의 평신도 운동들의 주관심사인 '세상에서의 증언'과 관련된 것이다. 열렬한 참여자들은 '수동적인' 교회를 없애버리기로 결단했다. 뜨거운 사도적 열정을 품은 그들은 교회의 일원이기 때문에 특정한 사명과 특별한 소명을 받은 평신도로 인정받기를 바라고, 교회에 대한 충성심에도 불구하고 이

따금 성직 계급과의 불가피한 긴장을 유발하는 독립성을 추구하기도 한다.[8]

이처럼 평신도의 위상과 책임에 대한 새로운 평가가 로마가톨릭 세계 안팎에서(정교 세계도 포함하여) 동시에 출현하고 있다는 사실과, 그 배후에 동일한 원인들(현대생활의 세속화 현상과 교회의 선교의식의 부활)이 있다는 사실을 감안하면, 거기에 "시대의 징조"란 말을 붙여도 무방하리라 생각한다.

2

〜

평신도의 신학적 지위에 대한
역사적 고찰

❖

    교회 역사를 훑어보면서 평신도의 실질적인 중요성을 개관하는 목적은 흔히들 취하는 일반적인 방식을 뛰어넘기 위해서다. 그런 일반론은 진실한 의도를 담고 있더라도 참석자 모두 한 마디씩 거드는 정도에 불과하다. 하나님께서 그분의 기쁜 뜻에 따라 종종 평신도를 통하여 중요한 사건을 일으키고 그것을 교회의 획기적인 전환점으로 삼으신 것을 볼 수 있다.

    왈츠 박사는 "성숙한 기독교"에 관한 글[1]에서 앞으로 몇 십 년은 "평신도의 기능을 올바른 관점에서 보는지의 여부"에 기독교의 성숙이 달려 있다고 말한다. 참으로 지당한 말이다. 그러나 평신도에 관한 새로운 통찰과 훌륭한 충고와 권면이 쏟아지는 중인데도 제도적인 교회들은 아직도 정신을 못 차리고 있다.

    그 배후에는 더 깊은 역사적·영적 이유들이 있는데, 이에 대해서는 우리가 평신도의 신학적 지위란 주제를 다루면서 살펴보게 될 것이다. 놀라운 사실이 있다. 그것은 평신도의 굉장한 중요성에도 불구하고, 평신도 계층이 교회에 관한 사상에서 적실한 신학적 주제가 된 적이 한번도 없었다는 사실이다. 그러므로 오늘날 교회에서 평신도 이슈를 제기한다는 것은 곧 새로운 교회론을 요구하는 것과 다름없다.

이제 우리는 평신도의 '신학적' 지위에 대한 역사적 평가를 간략하게 다룰 터인데, 여기서는 평신도 신학의 기본 자료인 성경의 증언에는 침묵을 지킬 것이다. 이 시점에서는 평신도라는 이름과 그 기원에 대해서만 몇 마디 하고 굳이 신학적 중요성은 다루지 않아도 무방할 것이다. 그러면 2세기와 함께 시작하도록 하자.

'평신도'(lay)라는 단어의 어원은 그리스어 단어 '라이코스'(Laïkos)로서, 이 단어의 라틴어 형태(laïcus)가 여러 서양 언어에 진입했다. '라이쿠스'(laïcus)는 철저히 종교적인 단어로서 거대한 서양 전통의 일부가 되었다. 본래는 '라오스'(laos), 즉 하나님의 선택 받은 백성에 속한다는 것을 뜻하는 단어였다. 이에 비춰보면 교회의 모든 구성원이 '라이코이'(laïkoi)이고, 오직 이것을 기초로 해서 다른 구체적인 자격을 취득할 수 있다.

본래는 순전히 종교적인 의미를 지녔던 '평신도'라는 단어가 다른 중요한 성경적 용어들(예: '소명'과 '봉사' 등)과 함께 완전히 세속화되는 운명에 처했다는 것은 주목할 만한 사실이다. 오늘날에는 '평신도'가 다양한 지식과 과학 분야에서 발언하거나 판단할 자격이 없는 사람을 일컫는 용어로 전락했다. 말하자면, '무지하다'는 개념을 획득한 셈이다. 라틴계 국가들에서는 '라이크'(laïque)가 로마가톨릭교회와 현대사회 간의 갈등으로 말미암아 '반(反)성직적인', '반종교적인', '종교 문제와 관련한 국가의 중립성'을 뜻하는 단어가 되었다. 고전 그리스어에는 또한 '평신도'를 사적인 인물 내지 교육 받지 못한 무식한 사람으로 보는 단어가 있다. 바로 '이디오테스'(idiotēs)인데, 여기서 '멍청이'(idiot)라는 단어가 나온 만큼 '라이쿠스'보다 몹시 전락한 것을 알 수 있다. 이 단어가 사도행전 4장 13절에서 "학문이 없는", "범인"(凡人)이란 의미로 사용되었다는 것을 우리가 살펴본 바 있다.

1세기 말에 이르면 벌써 '라오스'와 '라이코스'가 신약성경에서의 의미와 다른 것으로 전환되는 현상이 뚜렷이 나타난다. 이것이 고대사회에서 세속적인 단어로 사용된 것을 제외하면, 그 주된 이유는 '라오스'(백성, 평범한 회중)와 대비되는 조직화되고 안수받은 성직자 계층이 폐쇄된 '신분'으로 출현한 현상에 있었다. 라틴 교부들은 '평민'(plebs)이란 단어를 자주 사용한다.

예전(禮典)은 성직자나 사제의 일이고, '라오스'와 '민중'은 집전하는 사제와 구별되는 회중을 가리키는 말로 사용된다. 신약성경에서 온 교회를 가리키는 또 다른 이름은 '아델포이'(adelphoi), 곧 '형제들'이란 단어다. 교회의 구조와 직제에 관한 훗날의 문헌에서는 '라오스'의 경우와 같이 '형제들'이란 말도 변질된 것을 볼수 있다. 이제는 '형제들'이란 단어가 주교와 집사와 대비되는 회중을 의미하게 된 것이다.[2] 로마의 교부, 클레멘트는 주후 95년에 고린도 교인들에게 보낸 편지에서 이미 '라이코스'를 일반적인 교인을 가리키는 단어로 사용하고 있다.

성경적인 교회 개념에서의 일탈

이처럼 '라오스'의 성경적 의미가 교회적 의미로 급격하게 변화되었다. 이를 둘러싼 역사적 필연성을 논하지 않더라도 이런 변화는 온 교회를 '라오스'와 '왕 같은 제사장'으로 보는 성경적인 개념에서 크게 일탈한 것임을 강조하지 않을 수 없다. 교회는 이제 두 가지 별개의 집단으로 구성된 예배와 교육, 경건과 활동의 공동체가 되었고, 거기에서 권위적 리더십은 성직자의 몫이었다.

이런 이원성은 그리스-로마 사회의 이원성을 그대로 반영한 것이다. 그리스-로마 도시국가(폴리스)의 도시 행정 단위는 두 부문으로 구성되어 있었다. 하나는 '클레로스'(kleros) 혹은 치안관이고, 다른 하나는 '라오스'(laos) 혹은 백성이다. '클레로스'는 '성직자층'(clergy)의 어원에 해당한다. 이 단어는 당시에 교회를 둘러싼 정치적·사회적 환경과 관계가 있을 뿐 아니라, 구약성경이 레위인 혹은 제사장에 대해 하는 말, "내[하나님]가 네 분깃(kleros)이요"(민 18:20)라는 말씀과 접촉점이 있는 것도 사실이다. 회중에서 핵심 사역으로 간주되었던 '제사장직'은 가장 높은 '직분'으로 발전할 수밖에 없었다.

특별히 교회가 성찬을 예배의 진정한 중심으로 생각했을 뿐 아니라, 점차 교회 자체가 무엇보다도 영생을 위해 성례의 은총을 베푸는 기관으로 간주되기도 했다. 이런 점이 교회 구조를 또 다른 이원성의 방향으로 치닫도록 만들었던 것이다. 한편에는 '성직', 곧 은총의 수단을 관리하는 '클레로스'에 해당하는 자들이 있었고, 다른 한편에는 은총의 수단을 수령하고 성직자를 추종하는 신자들, 곧 '라오스'가 있었다. 다시금, 우리가 굳이 이런 발전양상의 장점과 단점, 동기를 논하지 않더라도, 이런 발전양상은 신약성경과는 다른 차원의 것임을 지적하지 않을 수 없다. "신약 시대의 다양한 사역들 가운데 진정한 제사장직은 없었다. 그리스도만이 유일한 대제사장이었고, 그분이 드린 결정적인 제사가 모든 제사의 마침이 되었기 때문이다."[3]

로빈슨은 *Completing the Reformation: The Doctrine of the Priesthood of All Believers*(종교개혁의 완성: 모든 신자의 제사장직 교리, 1955)에서 다음과 같이 말한다. "클레로스(성직자)와 라오스(평신도)란 두 단어가 신약성경에 나오는데 이상하게 들릴지 몰라도, 그 둘은 서로 다른 사람들이 아닌 동일한 사람들을 가리킨다." 이 점을 확증하기 위해 80년 전에 쓴 라이트풋 주교의 글을 인용하는 바이다. "신약성경이 복음 아래서 제사장으로 부르는 유일한 사람들은 성도들, 곧 그리스도인으로서 형제가 된 자들이다."[4]

"모든 그리스도인이 하나님의 평신도(라오스)이고 모두가 하나님의 성직자(클레로스)이다"라는 그의 간결한 표현은 본질적으로는 옳은 말이면서도 우리를 오도하기 쉽다. 신약성경에서 '클레로스'란 단어가 그리스도 안에 있는 새로운 공동체와 관련하여 사용될 때에는 언제나 하나님이 주시는 구속과 영광의 선물에 동참하는 남자와 여자 집단을 가리킨다. 이들은 하나님의 아들 속에 편입되었기 때문이다. 거기에는 성직자 계층이라 불리는 별도의 집단을 시사하는 기미가 전혀없다. '라오스'와 '클레로스'란 두 개념이 지닌 성경적인 내용과 뜻이 본질적으로 '평신도층'(laity)과 '성직자층'(clergy)의 뜻과 다르기 때문에, 이 두 용어를 성경적인 범주에 사용하면 혼동을 초래하게 된다.

우리가 방금 언급한 경향에도 불구하고 성경적인 평신도 개념이 계속 일정한 역할을 수행했음을 보여주는 많은 지표가 있다. 이 점은 다양한 시대에 진행되었던 평신도의 능력에 관한 논의에 뚜렷이 나타난다. 그들 역시 가르치는 능력과 비록 세상에 몸담고 있지만 영적 삶에 참여하는 능력, 교회의 정체(政體)에 관여하는 능력이 있다는 것이다. 사도적 교부들은 평신도 개개인이 제사장직을 소유하고 있다고 자주 강조했다. 처음 4세기 동안만 해도 많은 지역교회에서 새로운 주교가 선출되어야 할 시점에 평신도들이 상당한 영향력을 발휘했다. 가장 두드러진 본보기는 문자

그대로 회중의 강요로 감독직에 올랐던 아우구스티누스이다.[5]

그렇지만 '교회의' 계보에 내재되어 있는 성향은 도무지 억누를 수가 없다. 오리게네스가 최후의 카리스마적이고 독립적인 스승이었다. 주교들은 그런 경우를 더 이상 허용하지 않았다. 니케아공의회의 법규 5조와 18조는 교회 전체가 아니라 성직에 대해 규정한다. 평신도 계층이 교회의 그림에서 사라진다. 공의회에 참석하는 주교들의 집단이 성령의 기관이다. 그들은 '영적인' 사람들로서 징계와 교리와 관련하여 신적 권위를 행사하고, 이들의 집단은 모든 것을 판단하되 그 누구의 판단도 받지 않는다.[6]

특별히 서방 교회가 로마의 지도 아래 "그리스도인은 두 계급이 있다"라는 단순하면서도 묵중한 말에 표현되어 있는 이 기본 모형을 아주 부지런히 설명해왔다. 즉, 수도원 생활을 선택한 이들을 포함한 성직자 계층과 평신도 계층을 뚜렷이 구분했던 것이다. 이 구분의 선은 '안수'로 생겼다. 이 '두 계층' 개념은 갈수록 더 강조되다가 결국 우월한 계급과 열등한 계급을 의미하게 되었다.

동방정교의 경우는 언제나 다른 분위기를 유지했다. 거기서도 물론 성직자들이 온 교회에 대해 권위와 결정권을 소유하고 평신도는 순종적인 위치에 있긴 했지만, 어떻게든 교회를 성례전적인 사랑의 통일체로 보는 관점을 보존했다. 저명한 정교 신학자들 중 다수가 예로부터 지금까지 (특히 우리 시대에는) 뛰어난 평신도들이다.[7] 그럼에도 성례의 신비를 매우 경외했기 때문에 성찬용 빵과 포도주를 다루는 성직자의 독특한 위치를 강조했고 그들에게 신비로운 느낌의 옷을 입혔다. 그리하여 의도하진 않았지만 평신도 계층은 더욱 낮아졌고, '성직자 대 평신도'가 실질적으로는 '신성함 대 세속성'의 동의어가 되고 말았다.[8]

로마가톨릭교회의 경우에는 우월한 성직자 계급과 열등한 평신도 계급 간의 큰 구분이 로마가톨릭교회의 교회법대전에 철저히 설명되어 있다. 이는 정교회와는 달리 성직 계급의 권한뿐만 아니라 무엇보다도 그들의 사법권도 강조하는 등 다른 정신을 보여준다. 교회는 '완전한 사회'이지만 '불평등하다.' '성직자 신분'과 '평신도'는 각각 고유한 권한과 의무를 갖고 있다. 전자는 성례를 집전하고 가르치고 지도하는 권한이 있을 뿐 아니라 그 자체의 구조 속에 다양한 존엄성과 명예와 계급도 존재한다. 평신도의 권리는 주로 성례와 가르침과 지도를 순종적으로 받는 것으로 규정된다. 역사적으로 평신도들이 카리스마적인 폭발을 일으킨 일이 적지 않고 또 때때로 전체 시스템의 원리에 반기를 들기까지 했지만, 이런 계층구조는 평신도를 수동적인 존재로 낙인찍고 그들에게 부차적인 지위만 부여했을 뿐이다.

이런 발전 양상을 이해하려면 대단히 중요한 두 가지 사항을 기억해야 한다. 첫째, 이처럼 위계적인 '교회의' 추세는 '신성한' 것을 '세속적인' 것보다 우위에 두고 있다고 믿었다. 여기에는 또한 수도회의 '종교적 지위'도 포함되어 있다. 이 견해는 참으로 종교적인 삶, '완전한 그리스도인의 삶'이 평범한 '세속적' 삶을 구성하는 모든 것에서 완전히 단절되는 것으로 생각했다.

이에 따르면, 평신도들은 '세속적인' 질서, 곧 세상에 완전히 속해 있는 셈인데, 정상적인 '완전한 그리스도인의 삶'을 살려면 그 모든 연줄을 끊어야만 한다. 이는 세상과 자연적인 인간관계와 이해관계, 직업을 평가절하하고, 따라서 평신도 계층도 평가절하하는 것을 의미한다. 그리고 서서히 독신생활을 성직자의 의무로 삼는 방향으로 발전한 것은 수도원 사상이 세속적 성직자의 '영성'에 침투한 결과일 뿐만 아니라 '낮은' 현세적 질서와 '높은' 영적 질서의 계층화에 따른 결과이기도 하다. 이 점에 대해서도 동방정교는 덜 논리적이고 덜 경직된 태도를 유지했다.

'서방'과 '동방'의 일탈현상

이와 같이 이론적으로 또 실질적으로 평신도들이 교회 내의 위상과 책임과 관련하여 평가절하되고, 반면에 성직자들의 권한과 힘이 높아지게 된 역사적 과정을 고찰해보면, 의도적이진 않았지만 서방교회와 동방교회 모두 비성경적이었다는 사실을 알게 된다. 역사적 관점에서 보면 이 과정은 여러 면에서 충분히 이해할 수 있다. 교회의 성장과 그 구조적 조직의 구축을 둘러싸고 세상의 사회적·정치적 모형들에서 오는 영향력, 또 교회의 약화와 분열을 막을 유능하고 강력한 리더십과 권위를 요구하는 안팎의 많은 위험은, 교회를 성경적인 모형에 가까워지게 하기보다는 교리를 주관하는 권위 집단을 만드는 방향으로 밀어붙였다. 여기서 성경적인 모형이란 다양한 은사와 사역들이 교회의 삶과 방향의 궁극적 원천인 성령을 밝히 드러내는 공동체를 말한다.

역사적인 세력들의 압박 아래 전개된 이런 '교회의' 발전양상을 강조하는 동시에 성경적인 입장을 견지하려는 의도를 분명히 보여주는 본보기는 바로 이레네우스(Irenaeus, 140-203)이다.[9] 그는 어느 글에서 "모든 의인은 성직자의 신분을 소유한다", "주님의 모든 제자는 레위인이자 제사장들이다"라고 말했다. 이것은 분명 평신도를 평가절하하는 말이 아니다. 성경적 관점을 온전히 반영하는 말이다. 그러나 당대의 큰 싸움에 관여했던 이레네우스는 그런 '교회의' 발전양상을 주도하는 인물 중 하나가 되고 말았다.

우리는 1302년 교황 보니파티우스 8세가 발표한 유명한 교서 "우남 상크탐"(Unam Sanctam, 단 하나의 성스러움)에 나오는 바, '성경적인' 의식과 '교회의' 구조를 정착시키려는 역사적 세력들 간의 상호작용의 도구가 되는 것 사이의 평형상태에서 완전히 동떨어져 있다. 여기에 사용된 몇 마디의 복음은 단지 (베드로의 후계자가 대표하는) 영적 권력이 세속 권력보다 우월하다는 것을 정당화하기 위한 것일 뿐이다. 교회 및 교회와 세상의 관계에 관한 성경적 가르침은 너무나 풍부하고 다양하며 놀랍도록 참신하다. 하지만 이 모든 것이 그 교서에서는 두 가지 사항, 즉 누가복음 22장 38절에 나오는 두 칼의 이야기에 대한 지극히 단순한 해석과 교회의 절대 권력과 세상의 당국에 위임된 권력에 대한 문제로 축소되고 말았다. C. W. 뫼니히[10]는 그 교서가 우리를 놀라게 하는 점은 성경의 오용이라기보다는 오히려 이런 '권력' 구축의 결정적 동인이 바로 아레오바고의 디오누시오의 신플라톤 철학, 곧 신적 존재에서 물질에 이르기까지 우주적인 등급을 매기는 철학이라는 사실이라고 말했다.

"우남 상크탐"에서 아레오바고의 디오누시오를 인용한 것은 중요하다. 교회가 세상 내지는 세속 영역과 평신도를 평가절하하게 된 연유가 거기에 있기 때문이다. 교리적인 면과 구조적인 면에서 어쩔 수 없이 역사적 상대성과 우발성에 뿌리를 둔 그런 발전 양상이 절대시된 나머지, 거기에 우주의 구조에 근거를 둔 초(超)역사적인 형이상학적 위상이 주어진 것이다. 이런 철학적 사고방식은 실로 성경적인 정신과 방향에서 완전히 동떨어진 것이다.

'현세적' 내지는 '세속적' 질서와 '영적' 질서 간의 큰 구별의 배후에는 세계의 모든 종교에서 볼 수 있는 이원론적 개념이 있다. 이에 대해 위대한 프랑스 사회학자, 에밀 뒤르케임은 유명한 책 『종교생활의 원초적 형태』(민영사, 1992)에서 모든 종교는 세속적인 것과 신성한 것을 구별 짓는다고 표현했다. 우리가 나중에 살펴볼 것은, '교회의' 사상이 성경적인 사상보다 우위를 점했던 동방교회와 서방교회 모두 '교회'와 '세상'의 관계를 너무도 쉽게 '신성한 것'과 '세속적인 것' 간의 보편적인 종교적 구별 아래 두었다는 사실이다.

이그나티우스와 키프리아누스가 "교회는 주교와 그의 성직자들에 의해 구성된다"고 명백히 말한 이후 '성직 중심의 위계적인' 사고방식이 갈수록 더 우세해졌다. 말하자면 평신도 계층이 당연시되었던 셈이다. 그리고 수도원적인 특별한 성도의 개념에 입각하여 성직자의 특별한 삶이나 '영성'을 생각했기 때문에[11] 평신도들은 당연히 더 낮은 성도의 범주로 전락하고 말았다.

평신도들의 생활환경은 성도다운 삶을 살기에 적합하지 않았다. 이런 위계적인 교회 개념과 '거룩한 것'(완전하다는 의미에서의)과 '성례적인 것'을 동일시하는 관념 속에는 평신도를 부정적으로, 즉 성직자와 구별되는 존재로 규정하는 태도가 내재되어 있다. 그들은 세상 속에 있으므로 성직자의 특별한 영역인 '신성한' 세계에 속하지 않는다. 요즈음 에큐메니컬 운동에서 평신도를 논할 때에도 이런 부정적인 심리상태에서 벗어나지 못하고 있는 실정이다.

12세기의 그라티아누스는 이 배경에 관해 교회 안에 두 '종류'의 그리스도인들, 즉 두 부류의 '백성'이 있다는 말로 명백히 묘사했다. 한 종류는 성직과 관조와 기도에 전념함으로써 현세적인 것에 등을 돌린다. 이 종류가 성직자 계층이다. 그들은 왕들(reges)이다. 그들의 미덕으로 인해, 그리고 그들은 '하나님 안에'(ita in Deo) 있기 때문에 그들 자신과 남들을 다스린다. 다른 종류의 그리스도인, 곧 평신도 계층도 있다. 그들은 현세적인 것들을 소유해도 좋지만, 단 그들 자신이 사용하기 위해서만 그렇게 할 수 있다. 아울러 그들에게는 결혼하는 것, 땅을 개간하는 일, 사람들 간에 사법권을 행사하는 일 등이 허용되고, "그들이 선을 행함으로 악을 피하면 구원을 찾을 수 있다."[12] 그라티아누스는 평신도의 처지가 인간의 연약함 때문에 어쩔 수 없이 용인된 것이라고 본다. 세상에서 물러나면 타협 없는 삶이 보장되기 때문에 세상 속에 몸담고 세상의 것에 몰두하는 삶은 그 자체가 하나의 타협이다. 전자야말로 진정한 그리스도인의 삶이라는 말이다.

이런 교회 및 두 '종류'의 그리스도인 개념은 인상적인 논리를 갖고 있고 봉건시대였던 중세에 인기를 누렸지만 최고로 군림한 적은 한번도 없었다. 교황과 그리스도인 왕들 및 황제들 간에 싸움이 벌어지는 동안 교황으로 구현된 '영적' 권세에 대한 '현세적' 권세의 덜 의존적인, 혹은 독립적인 지위를 지지하는 목소리가 높아졌다. 여기에는 세속적인 것을 훨씬 긍정적으로 평가한다는 뜻이 내포되어 있다. 따라서 평신도의 위상과 교회의 본질에 대해서도 그렇게 평가했던 것이다. 프랑스의 왕, 필립 4세가 교황 보니파티우스 8세와의 논쟁에서 "교회는 성직자들뿐만 아니라 평신도들로도 구성되어 있다"[13]고 말했는데, 이는 "교회는 주교와 그의 성직자들로 구성되어 있다"는 이그나티우스의 말에 대한 응답처럼 들린다.

하나의 뛰어난 본보기로 파리 대학 총장이었던 파두아의 마르실리우스(Marsilius Paduensis)를 들 수 있다. 그는 *Defensor Pacis*(평화의 수호자)란 책에서 성경과 교부의 자료로 되돌아가서 교회는 성직자와 평신도가 나름의 위치와 목소리를 지닌 '신자들의 사회'라고 생각했다. 이와 같이 성직 중심의 위계적인 개념은 공격을 받았다. 단테는 『신곡』에서 예언자적 분노에 이끌려 그렇게 했고, 마르실리우스 같은 인물들은 다가오는 민주주의에 대한 서곡이었던 혁명적 정치사상에서 영감을 받았다.

14세기와 15세기의 공의회 운동은 본래 교회의 우두머리와 교인들에 대한 개혁을 지향했으나, 당시에 발흥하던 국가주의를 반영했고, 교회의 위계구조에 대한 노골적인 공격이기보다는 교회와 국가 위에 군림하는 교황의 권위에 대항하여 여러 국가들의 독립적인 주권을 주창했다. 그런데 이 모든 왕성한 저항운동들 속에는 평신도의 위상에 대한 긍정적 평가가 내포되어 있었다.

평신도 계층의 가치는 12세기 이후 분파적인 사도 운동들이 가장 강조했는데 특히 14세기의 위클리프(Wiclif)가 대표적인 인물이다. 이런 저항운동들의 특징이 있다면 모두 종교적인 영감을 받아 전개되었다는 점이다. 그들은 '성직 중심의 위계적인' 노선에 성경적인 노선으로 도전했다. 물론 그들이 세상적인 개념인 교황의 신정정치와 국가와 그 통치자의 독립적인 지위를 요구하던 국가주의 간의 충돌에 영향을 받지 않은 것은 아니다. 하지만 그들의 마음은 하나님의 말씀에 비춰본 교회의 개혁을 지향하고 있었다.[14]

종교개혁으로 시작된 급진적인 변동

종교개혁의 기본사상은 평신도의 개념과 위상에 급진적인 변동이 있을 것임을 약속했다. 결정적인 순간에 루터는 하나님의 말씀에 순종한다는 명목으로 교황의 위계적 권위로 구현된 교회에 순종하기를 거부했다. 특히 루터의 호전적인 초기 저술을 보면 그의 교회 개념이 위계적인 교회 개념을 정면으로 공격한다는 것을 알 수 있다. 루터는 성직자의 개념 자체를 배격했다. 원칙적으로 '성직자'와 '평신도'의 구별이 사라졌다. 마르틴 루터는 "그리스도인 귀족을 향한 연설"(To the Christian Nobility)에서 "모든 그리스도인은 진정 사제들이고 직분을 제외하면 그들 사이에 아무런 구별이 없다.…세례를 받은 사람은 누구나 자신이 사제나 주교, 혹은 교황으로 성별되었다고 주장해도 좋다"고 선언했다. 직제로만 보면 어떤 사람들은 회중에 의해 '사역자들'로 구별되었는데, 이들은 문화적 의미의 제사장들, 즉 하나님과 회중, 혹은 하나님과 사람 사이의 중보자들이 아니라 '말씀의 사역자들'이었다.

그러나 원칙적으로는 새로운 사역 개념에 담긴 모든 것(가르치고 설교하고, 세례를 주고, 성찬을 집전하고, 죄를 묶고 풀어주고, 중보기도를 하고, 교리를 판단하고 영을 분별하는 사역)은 세례 받은 모든 그리스도인에게 속하는 권리이다. 이것이 신자들의 보편적 제사장직 혹은 모든 신자의 제사장직이란 말의 뜻이다. 이는 '오직 은혜'와 '오직 성경'과 더불어 종교개혁의(특히 프로테스탄티즘의) 위대한 공식 원리로 선포되었다.

이런 호전적인 명제들 속에는 신자 전체의 몸에 속하는 "왕 같은 제사장직"이란 성경적 견해와 완전히 조화되지 않는 개인주의와 평등주의의 싹이 들어 있다.[15] 당시에 루터가 오랜 세월에 걸쳐 사람들의 마음속에 뿌리박힌 강고한 위계적 사고체계에 대항해 싸우면서 그것을 교회 및 교인들에 대한 성경적 개념과 대비시켜야 했던 상황을 감안하면, 이런 호전성과 지나친 표현을 충분히 이해할 수 있다. 충분히 정당화되는 그의 공격은 모든 성직주의의 폐지를 의미했고, 이는 역사상 평신도의 변호 혹은 재활을 가장 강조한 사건이다.

그렇지만 이런 새로운 교회 개념이나 강력한 평신도 변호가 지배적인 위치를 점한 적은 한번도 없었다. 모두 큰 소리로 거론하는 '모든 신자의 제사장직' 원리가 신세계(미국)에서는 큰 관심을 불러일으켰지만 구세계(유럽)에서는 제대로 효능을 발휘한 적이 없다. 오늘까지 그것은 정말로 살아 있는 원리이기보다는 깃발과 같은 역할만 할 뿐이다.

하지만 종교개혁과 그로부터 생긴 다양한 교회들로 말미암아 '성직 중심의 위계적인' 교회 개념은 예전에 누렸던 당연한 위치를 다시는 회복하지 못할 것이다. 교회와 교인의 기능에 관한 어떤 교리든 스스로를 성경적 증거의 법정 앞에서 정당화해야 한다는 요구가 다시는 예전처럼 무시될 수 없을 것이다. 칼뱅주의는 평신도 교인들에게 자기가 선택 받았다는 사실을 일을 통해 전심으로 증명하도록 요구했다. 이것은 '신자의 보편적 제사장직' 교리가 낳은 결과였고, 이는 세계 역사에 크나큰 결과를 초래했다. 하지만 이 교리나 원리가 특히 19세기에는 자유주의-개인주의적 사상의 영향을 받아 근대인에게 프로테스탄티즘을 권유하기 위한 신학적 기치에 가까웠을 뿐, 교회를 변혁하는 영적 힘을 발휘하지는 못했다.

그러면 루터와 칼뱅이 교회와 사역을 새롭게 정의하고 회중의 중심적 위상을 주창했건만 어째서 길게 보면 원리의 선언일 뿐 갈수록 더욱 현실화되지 않았는가? 왜 회중이 아니라 성직자들이 지배적인 위치를 차지하게 되었는가?

우리는 먼저 역사적인 상황과 상관없이 큰 영향력을 행사했던 몇 가지 기본적인 이유들을 언급할까 한다. 종교개혁자들은 성경으로 돌아가 거기서 주 예수 그리스도가 그분의 성령과 은혜와 용서로 온 교회를 다스리고 권력과 권한과 권위의 모든 등급화를 제거하시는, 교회의 유일한 머리라는 것을 발견했다. 그리고 그 결과로 위계적인 차등 시스템과 교회를 제사장-성례전적 성직자와 동일시하는 풍조를 완전히 없애기로 결단했다. 교회는 신자들과 용서 받은 죄인들의 몸이었다. 그런데 교회를 조직하거나 재조직하는 과정에서 그들의 주관심사는 지배적인 시스템의 악명 높은 남용과 타락을 피하고 제거하는 일이었다. 그들은 굉장한 싸움을 벌이고 있었고 교회에 대한 사상이 저항과 논쟁으로 정해졌기 때문에 온전한 성경적 교회론을 정립하지 못했다. 더구나 세례를 받은 그리스도인은 누구나 교황과 주교, 사제와 같은 권한을 갖고 있다는 루터의 도전적인 발언은 몇 가지 함정을 숨기고 있었다.

첫째, 오랜 전통이 있는 교회에서 '세례를 받은 그리스도인'은 결코 정말로 믿는 그리스도인과 동의어가 아니었다. 그러므로 교회의 개념과 질서에 필요한 지도력과 권위가 성경적 모범에 있다고 생각한 것은 옳았지만, 이 모범을 본받아야 한다는 논리로 반드시 귀결되지는 않았다. 서로 다른 역사적 상황은 동일한 지침의 창의적인 표출을 요구하기 때문이다.

둘째, 오랫동안 교회에 의해 영적 미성숙 상태에 방치되어 있었고 평신도의 '암묵적인 신앙' 교리에 가려져 있던 이전 교인들이 갑자기 영적 어른처럼 활동할 수 없었다.

셋째, 종교개혁이 한편으로는 '성직자'와 '평신도'의 구별을 없앴지만, 다른 한편으로는 설교하는 직분의 탁월성을 매우 강조했다. 영적 영양분을 공급하는, 정확하고 '순수한'[16] 설교에 대한 열성적인 강조는 (다른 고려사항들을 제쳐놓고) 특별한 자격을 갖춘 설교자 집단을 요구했다. 성례의 올바른 집전 역시 교회의 기본 표지들 중 하나로 선언되긴 했지만 많은 교회에서 (특히 성찬과 관련하여) '순수한 말씀 설교'와 같은 지위를 얻지는 못했다. 성례는 그 '사역'을 위한 일종의 준비였다. 이렇게 발전하게 된 데에는 여러 타당한 이유들이 있었지만, '사역'의 개념은 아주 모호한 상태로 남게 되었다. 한편으로는, 어떤 종류의 '성직자'를 다시 세우는 방향으로 나갔지만, 다른 한편으로는 적어도 원칙적으로나마 '성직자'와 '평신도'의 구별을 폐지하는 방향으로 나갔기 때문이다.

초기 교회에서 '성직자'와 '평신도' 간의 분리의 벽이 되었던, '올바른 소명'의 신분을 부여한 안수가 다시금 일종의 구분선이 되었다. 이미 언급했듯이, 이런 구별은 질서를 위한 것이라는 논리를 그 동기로 삼았다. 하지만 '신자의 보편적 제사장직' 원리와 그 뜻에 비춰보면, 이것만이 유일하게 올바른 동기다. 이 원리는 과거의 제사장-성례전적 개념에 대한 응답으로서 평신도와 동떨어진 채 저 높은 곳에 존재하는 '성직자'의 개념에 이별을 고하는 것이었다. 그러나 실제로는 구별이 없다는 이론과는 반대로 오히려 '평신도'의 이차적 지위를 인정하게 하고, 평신도의 수동적 태도를 부추기고, '성직'과 그 리더십의 중요성을 강조하는 방향으로 나갔다.

이런 추세는 올바른 말씀 설교를 주된 업무로 삼는 사역자들이 갈수록 '신학자'와 '지식인'으로, 기존 사회의 계층적인 틀 안에서는 '영적 신분'을 대표하는 인물로 등장함으로써 더욱 강화되었다. 후자는 영적인 사람(고전 3장)이란 말로 표현할 수도 있다. 그 결과 평신도는 갈수록 '무식한' 신분, 영적으로 미성숙한 사람으로 전락했다. 그 상황은 오늘까지 이어지고 있고, 모든 교회에서 성직을 가진 지도층과 평신도 계층이 뚜렷이 구별되어 있으며, 교회는 본질적으로 성직자의 관심사라는 생각이 은연중에 널리 퍼져 있다.

이미 종교개혁 당시와 그 개혁을 공고화하던 초기에 '신자의 보편적 제사장직'의 원리를 좇아 행동할 수 없다는 사실이 분명해졌다. 종교개혁자들은 본래 새로운 교회를 세울 생각이 없었다. 그들의 우선적인 관심사는 신앙을 정화하는 일이었다. 그런데 가톨릭교회의 리더십이 완강하게 저항하자 할 수 없이 그들의 원리에 기초하여 교회 생활을 조직하게 되었고, 곧 평신도의 무지함이란 문제와 교회 질서 확립의 어려움에 봉착했다. 이것은 독일에서 일어난 문제만은 아니었다. 종교개혁이 덜 격렬하고 덜

조직적으로 진행된 잉글랜드에서도 마찬가지였다.[17]

뿐만 아니라, 조직적인 종교개혁은 그 개혁을 지지하는 군주들과 정치 지도자들의 도움과 권한이 없이는 수행될 수 없었다. 따라서 점차 군주들과 정치 지도자들이 교회 문제에서 중요한 자리를 차지하게 되었다. 무지하지 않은 평신도들도 교회 문제를 사역자들과 교회 생활을 관리하는 국가 기관들의 손에 맡기지 않을 수 없었다.

일찍이 1526년에 루터는 그가 이상적으로 생각하는 진정한 기독교 회중을 이룰 만한 숫자가 아직은 없고, 그런 회중을 조직해야 한다고 주장하는 사람들도 많지 않다고 고백했다. 당시에 개발된 조직은 회중에게 능동적인 책임을 떠맡는 지위를 주지 않았다. 그들은 사역의 대상이자 목회의 대상이며 정부의 규제를 받는 사람들에 불과했다. 그 결과, 비록 상황은 종교개혁 이전과는 달라졌어도, 평신도 계층은 여전히 예전처럼 객체로 남아 있었지 주체가 되지 못했다.

루터와는 별도로 한 도시에서 똑같은 문제를 붙들고 씨름해야 했던 칼뱅은 "교회의 질서"(Ordonnance ecclésiastigue, 1541)라는 글에서 교회의 상대적 독립성을 더 잘 인식했는데, 이는 신이 제정한 교회 정체(政體)에 대한 그의 독특한 개념 덕분이었다. 그 개념은 종교개혁에서 유래한 교회 질서의 개념들 중에 가장 역동적인 것이었다. 그러나 교회의 지도에 꼭 필요한 사역자의 탁월성,

불가결성, 권위에 대한 그의 높은 관념은 본의 아니게 평신도의 중요성과 가치를 무시하게 되었다.

신세계는 당연히 몇 가지 특징을 보인다.[18] 미국의 역사는 새로운 환경을 지닌 변화무쌍한 신세계에 대한 일련의 기나긴 적응과정이다. 애초에 미국 교회는 유럽 교회를 새로운 환경에 이식한 것이었다. 그 적응 과정에서 미국은 새로운 유형을 개발했다. 새로운 이민자들, 특히 19세기에 일어난 거대한 이민의 물결이 그 과정을 줄곧 이어갔다. 그 결과 자치적인 교구 교회가 미국 특유의 유형으로 생겼고 평신도의 통제와 참여가 더 커지게 되었다. 소중한 종교적 자유 및 교회와 국가의 분리라는 원칙들의 보호 아래 교회는 구속받은 자들의 자발적인 협회로, 구원받은 개인들이 공공 생활을 개선하는 기관으로 간주되었다. 도시화로 인해 교회는 온갖 사람과 집단에 손을 뻗치게 되었고, 미국 교회들이 지역 교회의 내적 교제를 강화하는 방향으로 치달았다. 다양한 형태의 평신도 사역이 이런 발전의 결과로 크게 성장했다.

유럽 교회와 미국 교회를 비교해보면, 유럽 교회가 물려받은 구조와 분위기는 대체로 평신도 주도권을 격려하기에 적합하지 않다고 말할 수 있다. 미국의 경우는 그와 정반대다. 미국에서 평신도의 책임이 떠오른 것은 이론에 따른 것이 아니라, 교회의 유용성이 거의 평신도의 자발적 헌신에 달려 있다는 실용적인 생각 때문이었다.

이제 평신도의 신학적 지위에 대한 역사적 고찰을 마무리하면서 몇 가지 사항을 언급하고 싶다. 교회와 기독교를 이탈하는 물결이 강하게 일던 19세기에 독일 "국내 선교"의 아버지라 불리는 비헤른(Johann Heinrich Wichern)[19]은 종교개혁이 주창한 신자의 보편적 제사장직의 '원리들'을 실현하려고 노력했다. 그는 그 원리를 사제의 중재 없이 '하나님과의 직접적인 교섭을 갖는 것'으로 해석하지 않고 '봉사'(diakonia)의 책임이 교회의 모든 구성원에게 해당하는 것으로 해석했다. '성도의 교제'의 역동성은 그것이 '참 신자들의 회합'이기 때문만이 아니라, 무엇보다 '참 연인들의 회합'이라는 사실에 있다고 말했다. 이는 이미 새로운 방향을 가리키고 있다.

여성도 평신도의 정규 멤버다

평신도 이슈와 관련해 특별히 언급해야 할 사안이 있다. 교회에서의 여성의 위치와 책임이다. 이 책에서 사용하는 평신도란 단어에는 남성과 여성이 모두 포함되어 있다. 교회의 여성 교인들은 남성 교인들과 마찬가지로 '라오스'의 정규 멤버이다. 그런데 교회에서 여성과 그들의 위치만큼 교회가 그토록 퇴행적이고 이방적인 성 관념과 가부장적 사고방식에 종속된 것은 없다(그리고 대체로 여전히 그러하다).

여성이 교회의 삶에 기여한 바와 그 존재의 중요성을 부인하는 사람은 없다. 그렇다고 해서 여성의 위치와 권리가 비기독교적인 사상에 근거하여 다뤄진다는 사실이 바뀌지는 않는다. 최근에 세계의 많은 교회에서 여성의 위치와 권리의 문제가 큰 논쟁거리가 되고 있는 것은 참으로 놀라운 현상이다. 사회·경제·정치 분야에서 여성의 평등이 인정되고 이런 인식이 갈수록 확산됨에 따라 교회 내 여성의 열등한 지위는 더욱 용납할 수 없는 것이 되고 있다.

여성의 열등한 지위(그들의 성 자체에 내재된 열등성이란 의미에서)는 아직도 교회에 남아 있는 문화적 지체(遲滯)일 뿐만 아니라, 성경의 올바른 해석에 달려 있기 때문에 교회 안에 깊이 뿌리를 내리고 있는 것이다. 이로 인해 여성의 지위와 권리, 그리고 그들의 선천적인 열등성을 둘러싼 논쟁은 다른 차원의 문제가 된다. 이제는 본성의 문제가 아니라 하나님의 질서와 하나님의 말씀에 대한 순종인가, 불순종인가 하는 문제로 바뀐다.

그래서 교회 내 여성의 정당한 지위를 둘러싼 격렬한 논쟁은 죽이는 문자에 따라 해석할 것인가, 살리는 영에 따라 해석할 것인가 하는 여전히 논쟁 중인 성경 해석의 문제와 불가분의 관계에 있다. 하나님의 말씀에 대한 순종과 불순종에 관한 논쟁의 배후에는 물론 뿌리 깊은 남성 우월주의를 뒷받침하는 사회학적·심리학적 억압이 숨어 있다. 아직도 올바른 성경 해석이 무엇인지 결정되지 않은 상황이고, 여성의 지위에 대한 보수적인 견해가 교회 내의 성직자와 평신도(다수의 여성을 포함하여) 사이에 흔한 편이다.

그러므로 이 여성 문제를 교회 내 평신도 위상의 문제 중 하나로 보는 것은 굉장히 중요하다. 말하자면, '그리스도 안에 있는 새로운 피조물'로서의 남성과 여성의 문제로 봐야 한다는 것이다. 이 각도에서 보면 남성과 여성의 기능과 가능성에 대해 어떤 입장을 취하든지 간에 우월성-열등성에 관한 의문과 논쟁은 전혀 부적절한 것이 되고 만다.

"평신도들이 교회를 만든다"

앞에서 우리는 2세기와 16세기 사이에 '성직 중심의 위계적인' 노선에 따라 정립된 교회 사상에서 평신도의 위상이 얼마나 보잘것없는지 살펴보았다. 그런데 그 교회법상 교회를 성례전적 예배 기관으로 간주하는 로마가톨릭교회 내에서 요즈음 평신도를 교회의 본질적인 일부로 여기는 강력한 표현이 나왔다는 것은 참으로 놀라운 일이다.

가장 최근의 교회법대전은 1917년에 출판된 것인데, 당시는 세속화된 세계가 로마가톨릭교회에 새로운 사도의식을 불러일으키기 전이었다. 이 새로운 사도적 열정은 평신도 사도직의 위대한 운동인 '액션 가톨릭'으로 표출되었다. 여러 교황들은 이런 평신도의 사도적 열정의 중요성을 충분히 인식하여 그것을 교회의 감독 아래 두려고 노력했으며, 동시에 교황 담화와 회칙을 통해 자극하고 지도하려고 했다.

피우스 12세는, 지극히 '성직 중심적인' 가톨릭교회에서 이상하게 들릴지 몰라도, 세상에서 벌이는 교회의 싸움을 위한 평신도의 새로운 중요성을 다음과 같이 생생한 말로 표현했다. "평신도들이 교회이다. 그들이 교회를 만든다." 이 말은 교회의 급진적 세속화를 위한 모토로 이용될 수도 있지만 물론 그런 뜻으로 발표한 것은 아니다. 하지만 교황의 입에서 나온 이 말보다 온 세계의 교회들을 위해 평신도의 중요성을 더 잘 가리킨 것은 없다. 지금은 다른 교회들도 그와 똑같은 선견지명과 단호한 행동을 보일 때이다. 콩가르는 이런 "교회 갱신의 폭넓은 맥락"[20] 안에서 평신도 신학을 설계할 기회를 제대로 포착했다.

이제 이번 장의 결론을 내릴 때가 되었다. 교회 역사를 훑어보면, 그 대부분의 기간에 세상 구원을 위한 하나님의 경륜과 교회의 경륜에서 평신도의 중요성을 별로 인정하지 않은 것을 알 수 있다. 기껏해야 평신도들은 양떼에 불과했고 그들의 소명과 책임과 관련하여 언제나 객체였지 주체가 된 적이 없다. 종교개혁은 원칙적으로 평신도가 객체가 아닌 주체라고 강력히 변호했으나, 그 호소가 현실에서는 평신도가 성경적 의미의 주체 노릇을 하기에 부적절했고 사역자의 양성과 충원에 몰두하는 바람에 그만 실패하고 말았다. 이 사역자는 신학 이론에서는 그렇지 않아도 현실적인 사회구조와 심리상태로 보면, 여러 면에서 예전의 '성직자'가 변형된 모습이었다. '성직자'와 관련된 제사장-성례전적 개념은 물론 대체로 없어졌고 종교적-도덕적 의미로 재해석되었다. 그러나 실제로는 새로 태어난 '사역자'의 '지위'와 '구별'은 여러 면에서 예전 '성직자'의 그것과 비슷했다.[21]

우리 시대에 교회는 다시금 교회와 세상에 대한 평신도의 중요성을 설명하지 않을 수 없는 상황에 처했다. 그러므로 이 설명 작업에 진지하게 참여하는 것은 뜻 깊은 일이 아닐 수 없다.

3

平신도 신학의 정립,
과연 가능한가?

❖

    이제까지 다양한 종파에서의 평신도의 중요성과 신학적 지위에 대해 고찰한 만큼 평신도 신학을 설계할 만한 무대가 꾸며진 듯하다. 하지만 이것은 너무 성급한 결론이다. 그런 시도에 손을 댄다는 것은 기존의 모든 교회론의 방향을 바꾸는 것을 뜻하기 때문이다. 더 나아가, 새로운 총체적 교회론을 전제로 하는 작업이다. 이 점을 콩가르가 분명히 지적하고 있다. "근본적으로 단 하나의 진정한 평신도 신학이 있다. 그것은 총체적인 교회론이다."[1] 콩가르 이외에도 이런 확신을 표명한 사람들이 있고, 오늘날 평신도 이슈가 활발하게 논의되고 있음에도 불구하고 그토록 강력한 금언에 함축된 의미를 현실적으로 잘 이해하고 있는지는 의심스럽다.

    지난 몇 십 년 간 진행된 에큐메니컬 담론은 이 논의의 핵심이 바로 교회론이라는 것을 잘 입증해준다. 즉 문제는 교회의 구조, '사역'과 그 타당성의 조건들, 성례와 그 올바른 집행 등에 관한 다양한 교리들이다. 다양한 교회의 여러 교회론들('신자의 보편적 제사장직' 개념을 의식적으로 고려하는 가운데 생긴 일부 교회를 제외하고)이 강조하는 것을 살펴보면 평신도 신학이 들어설 여지가 거의 없다.

교회와 세상에서 평신도의 위상과 중요성에 대한 관심이 되살아나면서 많은 글이 발표되었는데, 거기에 이미 평신도 신학의 밑그림이 어느 정도 들어 있고, 우리 사회의 구조와 특성이 급변함에 따라 교회의 구조도 바뀌어야 한다는 목소리와 많은 제안이 담겨 있다. 새로운 형태의 모임과 혁신적인 교회(가정교회, 직업 중심의 교회, 교구 중심의 교회)를 지향하는 많은 실험은 무척 고무적이고, 평신도 신학이 교회의 교리뿐만 아니라 그 구조에도 영향을 준다는 것을 보여준다. 평신도 신학을 제의하면 기존의 교회론들에 내포된 '총체적 교회론'과 교회의 구조가 모두 위기에 처하게 된다. 그것은 새로운 신학사상을 독려하는 흥미로운 자극제가 아니라 교회의 개혁을 요구하는 심각한 도전이다.

새로운 봄철을 맞는 교회

이미 발표된 교회론의 윤곽들 중 다수는 매우 유용하다. 그것들은 참신한 성경연구에서 영감을 받아 교회의 새로운 자기이해를 위해 여러 접근을 제안한다. 이런 접근들은 비전이 충만하고 역동적이라서 큰 감사거리가 아닐 수 없다. 이는 최초의 시도들인 만큼 우리의 눈과 길을 열어준다는 면에서 상당히 좋은 조짐이라 할 수 있다. 그러나 장기적으로 비전과 역동성으로만 남아서 기존 교회론의 방향을 바꾸지 못한다면, '평신도 신학'의 효과는 기껏해야 기존 교회의 굳은 동맥에 주사를 놓는 정도나, 공식적인 교회론에 부록을 다는 정도에 불과할 것이다.

이 정도에 그친다면 의의가 별로 없을 것이다. 아니, 그 자체만으로도 대단한 일이다. 그러나 그것은 오랜 세월에 걸쳐 형성된 사상과 원리, 태도와 제도 등이 엄청난 힘을 갖고 있고, 이런 것이 교회의 머리와 지체들의 변화를 막는 타성을 지니고 있다는 사실을 과소평가할 것이다.[2] 우리가 늘 유념해야 할 점이 있다. 그것은 교회의 본질과 소명을 드러내려고 이론과 실제에서 평신도의 위상과 중요성을 찾고 표현하려는 모든 노력의 원동력은 바로 기도하는 마음으로 교회의 갱신을 바라는 갈망이라는 점이다. 콩가르의 말을 빌리면 "교회의 새로운 봄철"을 바라는 마음이다.

이런 고려사항을 바탕으로 '평신도 신학'은 총체적 교회론의 방향전환을 의미한다는 말에 함축된 뜻을 어느 정도 설명하는 게 좋을 듯하다. 이 말에 내재된 어려움을 잘 보여주는 것이 콩가르의 평신도 신학에 관한 책이다. 이 책은 매우 다양한 주제에 관한 아주 귀한 정보를 담고 있는 보고일 뿐만 아니라, 새로운 역동적 접근의 요구사항 및 결과와 역사적 연속성의 모델인 교회

사이에 벌어지는 흥미로운 싸움을 생생하게 보여준다. 그래서 자세히 살펴볼 필요가 있다.

콩가르는 다음 두 가지를 대비하면서 논의를 시작한다. 하나는 (여러 측면에 걸친) 교회의 갱신과 그 배후의 추동력으로서, 1951년 로마에서 열린 "평신도 사도직 세계대회"의 모토 중 하나인 "평신도는 교회에 완전히 속해 있다"는 말로 표현되었다. 다른 하나는 1917년의 교회법대전에 평신도의 중요성이 들어설 자리가 전혀없다는 사실이다. 이 대전은 성직자층이 성례전적 몸으로서의 교회라는 이유로, 성직자의 권리를 성문화했다. 이는 중세에 '신성한 것'과 '현세적인 것'을 구별하던 관습을 반영하고 있다. 평신도는 '현세적인 것'에 속하고 '영적인 것'에 순종하는 존재로 그려진다. 평신도는 성직자에 종속되고 수동적인 위치에 있다는 것이 명시적인 동시에 암묵적인 전제이다.

현대세계에서는 호전적인 그리스도인의 삶이 반드시 필요하다고 콩가르가 말한다. 이는 평신도 신학을 요구하고, 이 신학은 그 중대성으로 볼 때 교회법대전에 나오는 교회론의 전면 개정을 의미하지 않을 수 없다. 그는 그런 평신도 신학이 결코 "성직 중심의 교회론"의 부록에 그칠 수 없다는 점을 특히 강조한다.[3] 콩가르는 장차 발표될 것(예: "모든 사람에게 영향을 주는 것은 모든 사람이 논의하고 승인해야 한다"는 동의의 원칙)을 이야기하면서 단호한 입장을 밝힌다. 그런데 이 과감한 프로그램이 지닌 문제가 금방 명백해진다. 이어서 그는 에큐메니즘과 교회 개혁에 관한 연구에서와 같이, 그의 지도 원리는 이 평신도 신학을 교회의 삶에 관한 교리를 좇아서, 교회 구조의 틀 안에서 개발하는 것이라고 말하기 때문이다.[4]

나중에[5] 그는 이 중요한 점을 더욱 명시적으로 언급하면서 교회에 두 가지 측면이 있다고 말한다. ① 교회는 궁극적으로 그리스도 안에 있는 사람들과 하나님의 공동체이며 사람들 상호간의 공동체이다. ② 교회는 또한 이 공동체의 수단의 총합이다(성직자 계급과 그 권위, 교회의 교도권, 성직자의 제사장직과 성품권[potestas: 백성을 가르치고 다스리며 거룩하게 하는 임무를 수행하는 권한-역주]과 성례).

콩가르에 따르면, 이 이중적인 교리가 곧 신약성경과 사도적 교부들 및 전통의 교리이다. 다른 많은 곳에서 그는 "공동체의 원리"와 "위계의 원리"[6] 같은 용어를 사용하면서 위계적 구조와 원리가 바로 그리스도에게 받은 것이며 공동체의 원리를 낳는 것이라고 주장한다. 위계적인 구조 내지는 제도가 그 두 가지 측면 중에 일차적인 동시에 존재론적으로도 우선한다. '성직자의 위계적인 몸'이 진정한 그리스도의 대표자이다. 위계조직으로서의 교회가 '존재론적으로' 공동체의 존재보다 선행하는데, 그것은 교회가 신자들의 교회가 되기 이전에 사제들의 교회였기 때문이다. 사제의 위계조직으로서의 교회가 '신자들의 순전한 공동체'보다 우위에 있는 이유는 삶은 계속 변하지만 구조는 변하지 않기 때문이다. 로마가톨릭교회가 언제나 일방적으로 위계적인 원리를 강조하는 경향을 보여왔다는 것과, 평신도층을 교회의 진정한 일부로 완전히 수용하라는 주장은 이런 성직주의에 대한 반란이라는 것을 콩가르도 솔직히 인정한다.

그러나 콩가르의 훌륭한 책은 그 두 가지 측면을 함께 붙들기만 하고 로마가톨릭교회의 '위계적 원리'에 대한 비판적 재고 없이 '공동체의 원리'에 호소하는 데 그친다. 그 결과, 그가 내세운 주장, 즉 "성직 중심의 교회론"의 부록이 아니라 총체적 교회론의 불가결한 일부로서 평신도 신학을 개발하겠다는 주장을 실현시키는 데에는 실패했다.

뻔한 말이지만 우리가 로마가톨릭 신학자에게서 다른 어떤 것을 기대할 수 있겠는가? 콩가르처럼 선지자적이고 선교적인 기질이 강한 인물이라도 교회의 교리를 신성불가침의 것으로 여기는 입장을 뛰어넘을 수 없는가 보다. 따라서 그런 경우에는 평신도 신학이 일방적인 위계구조에 덧붙여진 하나의 부록과 몇 가지 수정사항이 되지 않을 수 없다. 그것은 교회의 신학적 자기이해의 불가결한 일부가 될 수 없는 법이다. 그것이 어떤 상황에서는 유용하게 보여서 유행을 탈 수는 있을 것이다. 교황의 회칙들에서 평신도를 굉장히 중요시하는 언급을 면밀히 읽어보면, 오랫동안 무시되었다가 마침내 채택된 온전한 평신도 신학을 정립하기 위한 건축 재료라는 인상이 들지 않는다. 오히려 오늘처럼 세속화된 세상에서는 교회의 영향력이 평신도들에게 달려 있기 때문에 그들이 심지어 성직자보다 더 중요하다는 의견에 가깝다. 옳은 말이다.

로마가톨릭교회처럼 그 자체가 '신의 권리'를 지닌 교회로서 연속성과 무오성의 구현체라고 선포하는 교회는 진정한 평신도 신학에 약간의 관심만 품을 수 있을 뿐이다. 그러나 이 점이 콩가르의 책에는 적용되지 않는다. 그는 나름의 한계 내에서 평신도들이 세상 속에서 교회의 진정한 일부라고 느낄 수 있도록 풍부한 아이디어와 제안사항을 최대한 개발한다. 이 주제는 그의 뜨거운 관심사임에 틀림없다. 그의 토대는 16세기의 유명한 그리스도의 삼중적 메시아 직분 교리로, 왕과 제사장과 선지자의 직분 등 세 가지에 대해 성경적으로 훌륭하게 개관한다. 그리스도의 대리자인 교회도 똑같은 직분들을 보유하고 있고, 이 직분들은 교회 구성원들의 행위와 책무를 통해 반영되므로 그들은 객체일 뿐 아니라 진정한 주체이기도 하다.

기존의 시스템을 재고하라

이번 장의 제목을 "평신도 신학의 정립, 과연 가능한가?"라고 붙였다. 여기에는 이런 뜻이 담겨 있다. "그것이 교회의 총체적 자기이해의 추가적인 부분이 아니라 불가결한 일부가 되는 것이 가능한가?" 만일 본래 불가결한 일부라면, 기존의 교회론들을 재고하지 않을 수 없다.

콩가르의 책에 나오는 본보기는 이런 결론에 도달했다. 기존의 시스템 자체를 재고하지 않는다면, 그것은 변경할 수 없는 것에 대한 수정안에 불과한 평신도 신학으로 귀결된다. 좀 더 역동적이고 총체적인 교회의 왕과 제사장과 선지자의 직분 교리는 변경할 수 없는 교리에 새로운 요소들과 에너지를 주입하려는 시도로 많은 가능성을 열어주기는 한다. 하지만 교회 내 평신도의 목소리와 권위의 문제[7]가 제기되자마자 배타적인 사제의 목소리와 권위의 손가락도 즉시 올라간다. 이제 우리가 로마가톨릭 밖의 교회론으로 시선을 돌리면 물론 로마가톨릭교회의 특징인 경직된 권위주의적 정신을 접하지는 않는다. 그렇지만 그런 교회론의 정신과 틀 안에서 과연 평신도 신학이 하나의 부록이 아니라 불가결한 일부로서 자연스럽게 들어맞는지의 여부를 고찰할 필요는 있다.

그러면 우리는 당연히 긍정적인 응답을 기대할 것이다. 특히 종교개혁은 로마가톨릭교회의 경직된 사제 중심의 권위주의에 대한 반란이었던 만큼, 거기서 나온 다양한 교회론들은 마땅히 그럴 것이라고 생각한다. 그런데 좀 더 자세히 조사해보면 약간의 의심이 생긴다. 부분적인 이유는 '신자의 보편적 제사장직'을 강력하게 선포하고 여러 교회 직제에서 평신도들에게 상당한 위상과 권위를 부여했는데도, 평신도 계층은 여전히 수동적인 구성원으로 남아 있기 때문이다.

아울러 보통은 눈에 띄지 않는 다른 요인들도 있다. 에큐메니컬 운동의 경우, 그 운동을 대신하여 교회의 자기이해에 내재된 깊은 틈을 극복하는 방법을 중심과제로 삼는 부서는 '신앙과 직제' 위원회이다. 중요한 항목들 중에는 자연스레 성직과 성례가 포함되어 있다. 그것이 자연스러운 이유는 다양한 교회론들의 큰 차이점이 이런 항목들을 둘러싸고 생기기 때문이다. 이것은 과연 정당한가? 이 질문이 타당한 이유는 성직과 그 소명, 안수, 권위, 훈련의 문제에 온통 전념하는 현상이 은연중에 두 가지 특징을 드러내기 때문이다. 첫째, '사역자들', 즉 안수 받은 '직분자들'의 집단이 교회가 의존하는 바로 그 집단이며 교회의 진정한 얼굴임을 당연시한다는 것이다. 둘째, '사역'에 관한 모든 논의에서 평신도 계층은 아예 지평선 위에 떠오르지도 않는다는 것이다. '신자의 보편적 제사장직'과 평신도층에 큰 관심을 두는 교회론은 오로지 교회의 내부 사안들, 즉 교회 안에서의 위상과 협력만 다룰 따름이다.

이런 예를 든다고 해서 안수 받은 '직분자'란 의미에서 '사역'의 영구적인 중요성과 필수불가결성을 조금도 부정할 생각은 없다. 우리가 지적하고 싶은 것은 놀랍게도 교회의 자기이해에서 중요한 고려사항인 평신도가 빠져 있다는 사실이다. 만일 누군가 이런 '성직 중심적인' 토론은 '성직'의 문제가 에큐메니컬 담론에서 아픈 부위이기 때문에 생기는 자연스런 결과라고 반박한다면, 나는 이렇게 응답하겠다. 그건 사실이지만 그럼에도 성직 중심의 토론은 왜곡된 접근이라고 말이다. 그렇다고 과거에서 내려오는 다양한 유산이 공통분모를 찾아야 한다는 말은 아니다. 평신도에게 온전한 의미를 부여하는 새로운 교회관이 성직(혹은 사역)의 의미를 전체의 일부로 보는 새로운 관점을 낳아야 한다는 것이다.[8]

교회의 제사장-성직 중심적인 특성을 가장 강조하는 로마가톨릭교회의 입장과, 사역에 강조점을 두는 로마가톨릭 밖의 감독 및 비감독 교회들의 입장을 비교하면, 전자의 누룩이 후자 안에서 여전히 작동하고 있다는 느낌을 지울 수 없다. 이 현상을 설명하기 위해 많은 역사적인 이유를 들 수 있다. 하지만 여기서는 우리의 역사적 한계를 넘어서 교회의 본질과 소명과 직무수행을 참신하게 재고하는 일이 과제다. 다음과 같은 세 가지 이유 때문에 그렇다.

첫째, 역사의 상대성이 우리의 여러 교회론과 교회 직제의 발생과 성장에 한몫했다는 확신이 더욱 커지고 있다. 우리는 과거가 준 큰 선물과 장애물을 쉽게 분별할 수 있다.

둘째, 에큐메니컬 운동이 하나 됨을 주창하는 만큼 우리는 하나님의 목적지를 향해 걷는 증인이자 순례자 집단으로서의 교회와 제도로서의 교회 사이에 항존하는 긴장을 어떻게 새롭게 묘사할 것인가 하는 문제에 직면하지 않을 수 없다. 교회는 하나의 제도로 존재하지 않을 수 없다. 이것은 영원한 육체의 가시이다. 교회는 본질적으로 '하늘의 식민지', 이 땅과 세상의 현실 속에 있는 하나님의 새로운 출발, 정착된 기관이 아니라 '여행 중인' 기관이기 때문이다. 제도의 측면은 필수불가결한 것이나 첫 번째 자리가 아닌 합당한 자리에 두어야 한다. 왜냐하면 이것은 사울의 갑옷이 다윗에게 그랬듯이 종종 도움거리가 아니라 장애물이기 때문이다.

예컨대, 가톨릭 백과사전에 실린 교회의 본질에 관한 글들을 연구해보면 교회 내지는 교회의 직제에 관한 교리들이 본질적으로 제도로서의 교회를 신학적으로 정당화하고 있음을 알게 된다. 그리고 에큐메니컬 담론에서 중요한 다리 역할을 하는 람베스 4강령(1888년 성공회의 람베스 회의에서 승인된 교회 재일치를 위한 기초로서의 4강령-역주)을 읽어봐도 교회에 관한 사상의 상당 부분이 균형 잡힌 제도의 견지에서 정립되었음을 알 수 있다. 이 중요한 문서에서 교회의 표지로 들고 있는 것은 성경과 사도신경, 니케아 신경, 세례와 성찬, 주교직 등이다.

물론 우리가 각 조항에 동의할 수는 있지만, 교회가 무엇보다도 생명을 주는 하나님의 은혜가 다스리는 곳이며 그리스도의 감춰진 왕권이 행사되는 곳, 성령의 사역이 펼쳐지는 곳이라는 느낌은 받지 못한다. 이 강령들은 (에큐메니컬 운동에서 불길한 단어로 취급하는) 협상의 항목으로서 서로 다른 분위기를 유발한다. 실제로 첫째와 둘째 항목은 재일치를 위한 협상에 아무런 어려움도 야기하지 않는다. 하지만 셋째와 넷째 항목은 성찬의 교리와 사역의 교리가 포함되어 있기 때문에 문제를 야기한다. 그렇지만 '신경과 관련된 작은 어려움'은 이런 협상조항들이 전적으로 교회 내부의 문제라는 것이다. 현대시대는 교회가 그 역사적 사상을 재고하도록 만드는 전혀 다른 세계관을 추구하는데도, 이런 현실은 도외시된다. 유일한 관심사는 오늘날의 새로운 관점에 대한 적실성이 아니라 과거와의 연속성인 것처럼 보인다. 따라서 진리와의 진정한 연속성이 과거의 표현과의 연속성보다 더 참된 연속성이란 사실을 무시하는 것이다.

가톨릭 백과사전이 장래의 에큐메니컬 담론에 대해 가장 밝은 전망을 내놓은 말은 다음과 같다. "그동안 우리가 품게 된 확신은 에큐메니컬 프로젝트의 진보를 위해 결정적으로 중요한 것이 교회론을 그리스도론 및 성령론과 밀접한 관계에 있는 것으로 취급하는 것이란 점이다."[9] 이 말은 매우 적절하면서도 무척 위험하다. 좋은 의미에서 위험하는 뜻이다. 인용문에 나온 대로 그냥 그리스도론과 성령론과 관계가 있다고 하지 않고, 그리스도와 성령이 교회(그 정신과 삶)에 갖는 주권과 소유권이 일종의 추동력이 되어 교회를 변화시키고 새로운 순종을 초래한다면, 신학 위원회에 오순절 사건과 같은 대변동이 일어날 것이다. 더 나은 신학이 생기는 게 아니라 그리스도와 그의 성령에 대한 새로운 순종이 무언가를 창조할 것이다.

셋째로 우리는 매우 긴급한 시대에 살고 있다. 지금은 교회의 단순한 회복이나 교회 활동의 다변화가 필요한 때가 아니라 교회의 진정한 본질과 소명이 능력과 영으로 밝히 드러나야 할 때이다. 세상은 교회의 참된 본질이 나타나기를 무의식적으로 기다리는 중이다. 그러므로 교회의 갱신(renewal)은 오늘날 전개되는 일치운동과 복음전도 등을 위해 필수불가결한 것이다. 여기서 갱신이란 교회의 생명력에 언제나 수반되는 불가피한 조건을 말한다. 이런 의미에서 갱신은 번창하는 교회와 쇠퇴하는 교회, 안주하는 교회와 침체된 교회를 막론하고 모든 종류의 교회에 절실히 필요하다. 이처럼 늘 필요한 갱신의 법에 비춰보면, 온 교회가 끊임없이 갱신될 필요가 있기 때문에 평신도층이 그 불가결한 위상과 의미를 얻게 된다.[10] 우리는 (성경이 주장하듯이) 교회의 갱신을 영구적인 필요조건으로 여기지 않고 이따금 생기는 기적적인 일화 정도로 간주하기 때문에, 교회들이 서로의 교회론을 비교할 때 자기 것만 옳다고 주장하는 모습이 여전히 눈에 띄는 것이다.

디벨리우스의 책, *Das Jahrhundert der Kirche*(교회의 백 년 역사)[11]가 말하는 것처럼, (심지어 '신자의 보편적 제사장직' 개념의 영향을 받은 것들도 포함한) 모든 교회론은 교회에 대한 전반적인 정의(定義)에 부합하는 제도적인 교회를 반영하게끔 되어 있다는 것을 부인할 수 없다. 거기서는 교회를 이렇게 정의한다. 교회란 종교생활의 특정한 형태로서 다양한 사람들을 내포하는 하나의 유기체이며, 어떤 형식의 예배와 신경에 기반을 두고 그 하나 됨과 전통이 모종의 우월한 영적 권위로 표현되는 유기체를 말한다.

교회: 늘 새로운 신앙의 모험

내가 위에서 말한 내용이 교회론에 관한 모든 것이 아니라는 사실을 나도 잘 알고 있다. 그보다 더 깊은 차원과 더 넓은 시각도 있다. 하지만 오늘과 같은 도전적인 상황에 직면하여 아무리 반복해도 지나치지 않는 점이 있다. 교회가 신경과 성례와 '직제'를 가진 하나의 기관이란 점에 일차적인 강조점을 두면, 무엇보다도 먼저 교회를 하나님의 위대한 구원과 구속과 화해의 행위에 대한 반응, 곧 늘 새로운 신앙의 모험으로 보지 못하게 된다는 점이다.

교회는 그 자체가 목적이 아니라 어떤 목적을 위한 수단이다. 여기서 '수단'이란 말은 '성직자'와 평신도를 모두 아우르는 온 교회를 가리킨다. 신앙은 그리스도 안에 있는 하나님의 실재에 대한 늘 새로운 반응으로서, 교리적 차원에서의 기독교 진리의 총합이 아니라 신앙고백과 행위로 나타나는 늘 새로운 해석을 함축하고 있다. 이것이 성경에서 말하는 신앙의 뜻이다.

그렇다고 해서 이차적인 의미의 신앙(혹은 믿음)은 그 합법적인 자리가 없다는 말이 아니다. 물론 그런 자리가 있다. 그러나 다시 말하건대, 이것이 첫 번째 자리를 차지하면 안 된다. 반응으로서의 신앙은 본질적으로 신앙고백에서만큼 행위로 표출되기 때문에 더욱 그러하다. 이를 신학적으로 표현하자면, 교리와 윤리는 동일한 신앙적 반응의 두 가지 양상이라고 할 수 있다.

이것이 칼 바르트의 큰 장점 중 하나이다. 그는 그의 위대한 저서에서 이 노선을 일관되게 견지할 뿐만 아니라, 윤리를 자연스럽게 그의 교의학에 통합했다. 따라서 새로운 교회론을 개진할 수 있는 길이 열렸다. 이는 제도적인 면의 불가피성을 배격하지 않으면서도, 그리스도 안에 있는 새로운 실재와 세상을 향한 새로운 소망의 반포자라는 교회의 성격과, 이를 밝히 드러내도록 교회의 모든 구성원이 부름 받았다는 사실을 공정하게 다루는 교회론을 말한다.

여기서 다시금 교회가 늘 새롭게 되어야 한다는 성경의 강조점을 제대로 볼 수 있다. 위대함과 비참함을 겸비한 교회를 올바로 보지 못하게 하는 역사적 유산 중의 하나는 '경험적인' 교회와 '이상적인' 교회의 구별이다. 우리는 이렇게 생각하는 데 익숙해서 그것을 잘 알아차리지도 못한다. 이런 사고방식은 초창기부터 교회 내 그리스도인의 신앙과 행습의 실망스러운 상태를 설명하는 도구의 표준적인 견해로 자리를 잡았다. 이는 이해할 만한 현상이지만, 교회의 삶의 기준인 신앙적 반응에서, 그리고 '하나님의 가족', '주 안에서 거룩한 성전으로 자라가는 공동체'로서 계속 새로워져야 할 소명에서 나온 게 아니라 세상적인 지혜에서 나온 것이다. 현실적으로 교회가 아무리 다루기 어려운 실체라 할지라도 교회에 정체성과 방향성에 부여하는 하나님의 명령을 세상적인 고려사항들 뒤로 제쳐놓을 수는 없다.

그런 고려사항들을 세상적인 것이라고 부른다고 해서 비현실적이라는 뜻은 결코 아니다. 오히려 무서울 정도로 현실적인 것이지만 그것들이 일차적인 적실성을 갖는 것은 아니다. 교회는 경험적 실체에서 '이상적인' 존재 형태를 억지로 끌어내는 것이 아니라, 그 본질에 내재하는 행진명령을 믿음으로 순종하고, 그 순종을 통해 일어날 일을 기다리기 때문이다. 이 때문에 교회는 '이질적인' 공동체이고 외견상 어리석고 순진하게 보이는 '이질성'을 표현해야 한다.

교회는 믿음으로 살기 때문에 세상에서 볼 수 있는 다음 두 가지 태도를 취할 수 없다. 하나는 다루기 힘든 세상에 잘 적응하여 현실주의자가 되는 것이고, 다른 하나는 좀 더 완전한 삶의 질서를 위해 애쓰는 이상주의자가 되는 것이다. 성경적인 입장은 교회의 '본질'과 '소명'을 강조하되 이상적인 모습이나 목적으로 그렇게 하는 게 아니라, 특정한 새 존재 질서로 구현되어야 할 그리스도 안의 실체로서 그렇게 하는 것이다.

자격이 아닌 재창조의 능력

교회에 관한 이런 기본 진리에 비춰보면, 역사적으로 올바른 교회관을 왜곡해온 또 다른 구별에 대한 칼 바르트의 논박[12]은 정확한 지적인 듯하다. 그것은 교회 안에 살아 있는 그리스도인들과 죽은 그리스도인들, 진정한 그리스도인들과 명목상의 그리스도인들, 쓸모 있는 그리스도인들과 쓸모없는 그리스도인들이 있다는 생각이다. 물론 아무도 이런 경험적인 사실을 부인하지는 않는다. 참된 그리스도인들로만 구성된 공동체를 세우고 싶어서 이 문제를 청산하려던 섹트(종파)나 운동들은 한동안 성공하는 듯 보였으나 다시금 회심한 사람들과 회심하지 않은 사람들, 알곡과 가라지가 발생한다는 것을 알게 된다.

여기서 문제는, 그런 구별이 비현실적이라는 것이 아니라 그런 접근이 교회의 지혜가 아니라 세상의 지혜를 좇는다는 데에 있다. 이에 대해 바르트는 복음에 내재된 진리를 이렇게 진술한다. 원칙적으로 어느 범주에 속하든 상관없이 모든 그리스도인은 하나님의 도구로 사용될 자격이 없다는 것이다. 성경에서는 우리가 자격이 없는데도 부르심을 받았다고 강조하기 때문이라고 한다.

이것이 많은 이에게는 절박한 상황을 가볍게 다루는 것처럼 보일지도 모른다. 그러나 사실은 약하든지 강하든지, 죽었든지 살았든지, 각 구성원을 그가 속한 자리에 두고, 그에게 하나님의 목적과 관련하여 제자리를 차지하도록 촉구한다. 그것은 바로 겸손과 감사의 자리이다. 우리에게 그리스도 안에 있는 교회의 정체성에 입각하여 말하고 행동할 만한 믿음이 있다면, 평신도의 문제는 완전히 새로운 국면에 접어든다. 이 문제는 더 이상 여러 조처들, 즉 현재의 교회론에서 평신도를 교회의 기능에 어느 정도 참여하게 해주는 그런 조처들에 의해 모호해지지 않는다. 교회의 본질과 소명을 증언할 때, 그 구성원들의 자격이 아니라 모든 구성원과 관련된 본질과 소명에 내재된 재창조의 능력에 의존해야 평신도 문제의 전모가 나타날 수 있다. 구성원들 중에서 '움직이지 못하는' 사람은 없다. 교회 전체가 부름을 받고 책임을 부여받았다. 이에 비춰보면 특별한 책임을 맡은 이들과 비교적 책임이 없는 이들을 구별하는 일은 인위적인 것으로 드러난다.[13]

기존 교회론들의 부록으로서가 아니라 총체적 교회론의 유기적 일부로서 "평신도 신학의 정립, 과연 가능한가?"라는 논의를 요약하자면 다음 몇 가지 필수사항으로 정리할 수 있다. 교회론의 범위에 세상적인 차원을 완전히 포함할 때, 교회론이 영구적인 갱신의 필요성을 충분히 설명할 수 있을 때, 교회의 삶과 증언의 지침이 교회의 본질과 소명으로부터 나올 때, (총체적 교회론의 필수불가결한 일부로서의) 진정한 평신도 신학의 정립이 가능하다. 이 셋 중에 어느 하나가 결여된다면 어떻게 될까? 그래도 평신도 신학을 개발할 수는 있겠지만 그것은 다양한 교회론을 보충하는 역할에 그칠 것이다.

내가 보기에는, 이것이 바로 앞에서 인용한 콩가르의 말, "근본적으로 단 하나의 진정한 평신도 신학이 있다. 그것은 총체적인 교회론이다"의 취지인 듯하다. 그 저변에 깔린 질문은 항상 똑같다. 교회란 무엇인가? 교회는 무엇을 위해 존재하는가? 이 점을 염두에 두지 않으면, 요즈음 많이 거론되는 평신도 사역은 다양한 활동의 차원으로만 머물고, 평신도의 자기주장은 현대사회에서 하나의 위협거리로 보일 것이다.

하나님에게 받은 교회의 소명을 성취하는 일에 평신도가 책임 있게 참여하는 것은 일차적으로 이상주의 및 열정, 혹은 조직적 효율성의 문제가 아니라, 과거와 현재와 미래에 걸쳐 사람과 세상을 구원하려는 하나님의 목적을 새롭게 이해하고 거기에 헌신하는 문제이다. 그 목적의 토대와 내용은 우리를 위해 십자가에서 죽으시고 죽은 자 가운데서 살아나신 성육한 하나님, 곧 그리스도 안에 있다.

이 세 가지, 곧 성육신과 십자가 죽음과 부활을 똑같이 중심에 두는 일이 매우 중요하다. 이 셋은 언제나 다함께 붙잡아야 한다. 그런데 성육신의 신학, 십자가의 신학, 부활의 신학 가운데 어느 하나에 중점을 두는 경향이 언제나 존재한다. 그렇다고 다른 두 가지를 희생시키는 것은 아니지만 기독교 신앙의 의미를 어느 하나를 중심으로 생각할 경우에는 총체적 복음의 풍성함이 감소하는 결과를 초래한다.

이는 하나님이 세상에 들어온 사건의 세 가지 측면인데, 이 각각은 다른 두 가지가 없으면 무의미해진다. 성육신과 십자가 죽음은 무엇보다도 예수님 편에서 하나님의 마음을 보여주는 겸손과 순종의 행위이다(빌 2:8). 그것은 인간의 본성을 하나님의 본성으로 높여주는 게 아니라, 십자가와 부활의 빛 가운데 새로운 순종과 소망으로 채색된 새로운 삶으로 들어가는 길을 열어준다. 이런 면에서 평신도 신학은 그리스도 안에 나타난 하나님의 계시가 우리의 사유, 우리의 태도, 우리의 결정과 행동에 어떤 의미가 있는지를 탐구하는 작업이다.

이것은 '전문적인' 신학이 아니다. 각 그리스도인이 담당할 작업이다. 데만트 수도사(Canon Demant)는 *Theology of Society*(사회의 신학)라는 훌륭한 책에서 특히 앵글로색슨 상황과 관련하여 이 점을 아주 분명히 했다.[14] "잉글랜드와 미국의 경우, 교회는 세상에 도덕적·사회적 이상을 제공하기 위해 존재하는 집단이라고 말하고, 최고의 사회 프로젝트에 영적 에너지를 공급하는 발전소로 생각하는 것이 여전히 흔하다." 이어서 그는 거기에 종교가 쓸모 있고 실제적인 종교가 되어야 한다는 가정이 깔려 있다고 말한다.[15] 교회는 "세상이 자기 방식으로 설정한 문제들에 세상보다 더 나은 답변을 내놓으려고 애쓰는 것을 그만두어야 한다. 오히려 인간이 풀 수 없는 문제들을 취해야 한다. 그래서 그것들이 기독교 신앙이 말하는 실재관의 견지에서 재진술되지 않는 한 결코 풀 수 없다는 점을 보여줘야 한다."[16] 교회는 원리와 이상을 제공하기 위해 존재하는 게 아니라 실재의 본질, 하나님의 본성, 인간의 본성 등에 관해 선언하기 위해 존재한다고 데만트는 주장한다. 그는 세상을 정복한 그 신앙이 이상(理想)을 선포한 게 아니라고 강조한다. 그것은 먼저 '현 상태'를 증언한 뒤에 '마땅한 상태'에 이르는 능력이 되었다. "사람들을 움직인 그 신앙은 언제나 명령형이 되기 전에 서술형이었다."[17] 데만트는 우리에게 기독교가 구속의 종교, 즉 해방의 종교임을 상기한다.[18] 이것이 복음이다. 이는 좋은 충고가 아니라 좋은 소식이다. 좋은 소식이란 피조세계의 근원이요 목적이요 주인이신 하나님이 주도적으로 만물을 그 진정한 본성으로 회복시키기 위해 일하시고, 사람들을 이런 하나님의 해방의 물결 속에 들어가도록 초대하신다는 것을 말한다. 교회의 모든 구성원은 세례를 통해 거기에 합류한 만큼, 원칙적으로 그 물결 속에 있다고 할 수 있다. 이를 배경으로 개발된 평신도 신학은 이 진리와 그 결과, 즉 이것이 수반하는 모든 영광과 희생과 고난을 인식하는 데 큰 도움이 될 수 있다.

'신자들의 제사장직'에 대한 비판적 고찰

교회의 불가결한 일부로서의 평신도 신학의 가능성을 생각할 때 당연히 종교개혁의 귀중한 (그러나 충분히 발전되지 못한) 유산인 '신자들의 보편적 제사장직'을 그 출발점으로 삼아야 할 듯하다. 이는 지난 십 년간 평신도의 위상과 참여를 중심으로 꽃피운 새로운 사상이 취하는 접근이다. 로빈슨이 "모든 신자의 제사장직 교리, 종교개혁의 완결"[19]을 제목으로 강의한 것이 좋은 본보기다. 여기서 그는 다행스럽게도 평신도의 '소명'이 사제의 소명만큼이나 매우 '종교적'이라고 주장하고, 그것 역시 제사장적 소명이라고 역설한다.[20] 다양한 교회론들(예: 침례교의 교회론)이 바로 이 점에 큰 강조점을 두고 있다.

물론 신자의 제사장직은 좋은 성경적 교리이다. 달리 표현하면, 그것은 하나님의 백성인 교회의 본질에 내재되어 있는 것이라고 할 수 있다. 아울러 성경에 나오는 신자의 제사장직이 평신도 신학의 효소들 중 하나가 되어야 하는 것도 사실이다. 그렇지만 나는 그것을 출발점으로 삼지 말라고 설득하고 싶다. 그것을 현 상황을 위한 말씀으로 개발할 경우에는 어쩔 수 없이 보편적 제사장직의 명제에 수반되는 역사적 기억에 제약을 받을 수밖에 없기 때문이다.

이것을 평신도의 의미를 이해하는 열쇠로 주장하는 것은 너무

편파적인 접근이라서 결코 바람직하지 못하다. 더구나 시간이 흐를수록 개인주의적인 색채를 띠게 되었는데, 이는 '온 교회의 제사장직'이란 성경 개념과 완전히 이질적인 것이고 심지어는 상반된 것이기까지 하다. 종교개혁 당시 그것은 성경적 진리의 새로운 발견이었을 뿐 아니라 무엇보다도 성직자 계급이 지배했던 교회에 대한 반대의 목소리였다. 동시에 참된 그리스도인의 삶에 대한 금욕적 완전주의 모델을 반대하는 외침이기도 했다. 교회의 재가를 받은 이 모델이 평범한 그리스도인의 삶에서 내적인 가치와 의미를 앗아갔기 때문이다.

'신자들의 보편적 제사장직' 교리는 '세속적' 소명과 '종교적' 소명의 왜곡된 관계를 바로잡으려는 시도였다. 특히 루터는 신자들이 인생의 힘겨운 현실에 부딪혀 무너질 수밖에 없다는 식의 강한 어투로 그런 반대의 성격을 표명했던 만큼, '신자들의 보편적 제사장직'이 '하나님의 가족'(엡 2:19)인 교회의 무관심을 겨냥해 평신도 종교와 평신도 반란을 호소하는 색채를 띠게 되었다.

'제사장적'이란 단어가 시사하듯이, 평신도의 문제는 오로지 로마에 대한 반대에 의해 좌우되었다. 그러나 지금은 평신도의 문제를 로마에 대한 반대의 각도에서 조망하는 게 아니라 성경적 관점에서 바라보아야 한다. '신자들의 보편적 제사장직'은 본래 교회가 대변해야 할 '새로운 창조'의 범위를 좁힌다. 문제는 평신도에게 기회와 권리가 주어지면 그들이 교회를 구출할 것이라는 게 아니다. 문제는 평신도와 성직자 모두 교회의 본질과 소명 및 그들의 다른 위치에 대해 새로운 관점을 가질 필요가 있다는 것이다. 그런데 이는 성직자와 평신도를 포함한 온 교회의 방향 전환과 개혁을 의미하는 것이다. 갱신은 언제나 회개와 기독교의 근본 토대의 새로운 헌신에 기반을 두고 있다. 여기서 근본 토대란 하나님께서 구속 사역을 위해 온 교회와 협력하기를 갈망하신다는 사실을 말한다.

정교회의 '충만함'에 대한 비판적 고찰

정교회는 에큐메니컬 담론에서 그들의 교회론의 핵심 중 하나를 이렇게 강조하곤 한다. 성직자와 평신도는 다함께 교회의 충만함(*pleroma*)을 이루고 교회의 양심, 곧 성직자와 평신도가 한마음으로 그 권위를 표현한다. "우리가 보유하는 것은 언제 어디서나 모든 사람이 믿어왔던 것이다."[21] 이 점은 정교회가 교회의 개념을 무엇보다도 성직자의 권위적인 집단이 아닌 공동체로 보고 있음을 잘 표현해준다.

이런 교회의 '단일전체성'(unitotality) 내지는 '단일복수성'(uniplurality)은 슬라브 문화를 좋아하는 위대한 작가들에 의해 널리 알려진 러시아어 단어인 '소보르노스트'(sobornost)를 중심으로 큰 주목을 받았다. 이는 동방정교의 특성을 잘 표현하는 말이다.

그것은 진리가 오직 온 교회의 살아 있는 공동체 내에서만 신자에게 드러나게 되어 있다는 것을 의미한다. 더 나아가 그 진리는 외적 권위가 아니라 내면의 빛이고, 주교들과 공의회들은 진리의 영역에서는 아무런 권위가 없다.[22]

우리의 논의에 정교회 교회론의 단편('소보르노스트'의 개념은 정교회의 교리라기보다 이 러시아 사상가들 집단이 주장하는 특정 이론에 속하는 것이다)을 끌어들이는 이유는, 성직자와 평신도가 다함께 교회의 충만함을 이룬다는 주장이 교회 내 성직자와 평신도의 바른 관계와 평신도에 대한 올바른 신학적 정의의 문제를 해결하는 답변으로 자주 제시되기 때문이다. 또한 평신도 신학의 정립을 꿈꾸는 현재의 프로젝트를 위해서도 추천되곤 한다.

이제는 그것의 옳고 그름을 물을 때가 되었다. 사실 정교회에는 특히 신학과 종교적 가르침의 분야에서 큰 영향력을 발휘한 뛰어난 평신도들이 있는데도, 이 사실이 거의 알려지지 않았다. 때로는 로마가톨릭교회의 특징인 성직자의 감독과 지도 없이도 교회 갱신을 촉구하는 평신도의 활동이 굉장히 많은 편이다. 그러나 정교회 사상은 그 초점을 교회와 세상의 문제, 기독교 신앙에서 소외된 세상 속에 있는 전투적인 교회에 맞추고 있지 않다.

오히려 정교회의 특징은 교회와 세상의 문제를 본 적도, 직면한 적도 없다는 것이다. 그들은 세상이 그냥 그대로 돌아가도록 내버려둔다. 주된 관심은 교회의 존재에 있다. 세상과 관련된 교회의 소명은 그들의 관심사가 아니다. 성직자와 평신도가 다함께 교회의 충만함을 이룬다는 주장은 무엇보다도 교회의 자기성찰에 해당하는 것이고, 정교회와 분열되지 않은 교회의 온전한 연속성을 증명하기 위해 과거를 지향하는 행위이다.[23]

이것이 정교회의 주관심사이다. 바로 이를 바탕으로 자기네 교회가 모든 교회 중에 유일한 참 교회라고 주장하기 때문이다. 물론 현재진행 중인 에큐메니컬 담론에서 과거와의 연속성은 교회의 본질에 대한 견해와 관련이 있기 때문에 대단히 중요한 주제이다. 하지만 진정한 평신도 신학은 교회의 본질과 소명을 둘 다 똑같이 중요하고 필수적인 것으로 간주할 때에만 가능하다. 세상 속에서 그리스도인으로 살려면, 또 세상 속에서 교회로 존재하려면, 과거보다도 현재와 미래에 더 관심을 두는 일이 반드시 필요하다. 교회는 "견실하며 흔들리지 말고 항상 주의 일에 더욱 힘쓰는"(고전 15:58) 존재가 됨으로써 그 진정성을 증명해야 하기 때문이다.

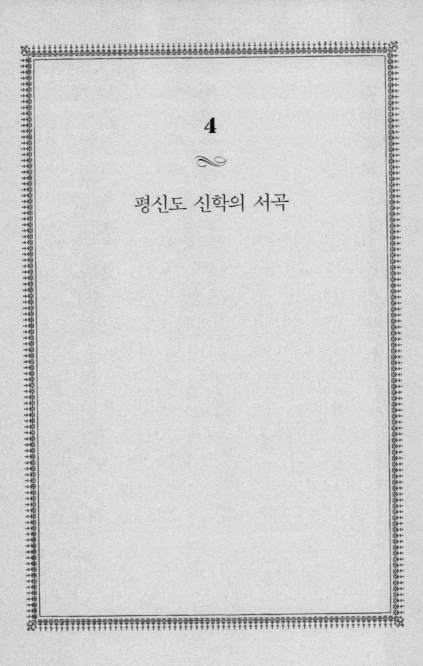

4

평신도 신학의 서곡

❖

　사도적 감수성의 부활이 보여주는 새로운 의식과 내적 동요, 그리스도인의 삶과 복음전도에 관한 각종 실험, 흥미롭고 참신한 신학적 사유, 교회의 존재 이유와 존재 목적에 대한 새로운 관점, 교회의 분립에 대한 내적 동요와 연합을 향한 갈망, 평신도 및 교회 사역에의 참여에 대한 깊은 관심 등 온갖 현상들은 교회를 근본적으로 개혁해야 할 때가 되었음을 보여주는 분명한 지표이다. 어쩌면 16세기의 종교개혁보다 더 근본적인 개혁이 필요할지도 모른다. 왜냐하면 성령과 세상 모두 우리에게 교회의 소명에 대한 반응을 재고하고 개조하도록 압박을 가하고 있기 때문이다. 그렇다고 해서 우리가 개혁을 준비하고 끝어낼 수 있다는 게 아니다. 개혁의 필요성을 절감하고 또 그것을 위해 일할 수 있다는 말이다.

　그런 개혁에서 평신도층이 결정적인 역할을 해야 한다는 것이 나의 확신이다. 그들에게 특별한 능력이 있어서가 아니다. 하나님과 삶의 질서에 대한 감각을 상실한 세상에서 교회가 처한 곤경과 관련하여 그들이 전략적인 위치를 점유하고 있기 때문이다. 교회와 세상 속의 모든 것이 소위 '교회의 평범한 교인'을 중심으로 돌아가고 있다. 왜냐하면 평신도를 통해 교회와 세상에 대한 그리스도의 주 되심이 가시적으로 드러나야 한다는 것은 하나의 요정 이야기나 쓸데없는 주장이 아니라 현실적인 요청이기 때문이다. 교회 조직은 이 목적을 지향해야 마땅하다. 역사적인 제도들과 형태들이 신성불가침의 영역처럼 유지되는 것을 목적으로 삼으면 안 된다. 예배와 설교, 가르침과 목양 등 교회의 모든 활동은 '교회의 평범한 교인'이 그리스도 안에 있는 정체성을 되찾도록 돕는 것을 목적으로 삼아야 한다.

이것은 이미 근본적인 개혁을 알리는 전조이다. 하나님의 은혜로 우리는 교회 및 교회의 온전성을 재발견하는 시대에 몸담고 있다. 우리는 어느 때보다 더 명확하게 교회론과 그리스도론이 하나라는 것을 본다. 에클레시아, 곧 신자들의 공동체는 무엇보다도 그리스도에게 속한 공동체이며, 그리스도 안에 있는 공동체이다. 하나님의 구원과 구속과 화해, 그리스도의 통치권이 작동하는 영역이다. 이것이 교회의 원형적 실체이다. 이 점을 알고 붙잡는 것은 큰 복이다. 하지만 이 복이 단지 신학적 묵상과 자기성찰의 주제로만 남으면 하나의 저주로 변할 수 있다. 이 새로운 지식이 만일 현재의 교회가 그 근본적인 실체에서 멀어져 있다는 끔찍한 인식과 교회의 진정한 본질을 회복하려는 갈망을 수반하지 않는다면, 그것은 참된 지식이 아니다. 오늘날 이런 인식과 갈망이 교회의 유기적 일부로서의 평신도의 위상과 책임을 둘러싼 많은 행사와 담론을 불러일으키는 동기로 작동하고 있다.

모든 구성원을 아우르는 개념

그러므로 평신도 신학은 교회의 원형적인 실체와 하나님 나라의 능력을 보여줄 교회의 소명을 설명하고 또 그 작업에 기여해야 한다. 달리 말하면, 모든 구성원을 아우르는 교회는 그리스도의 주 되심을 실제로 경험하고 증명하는 공동체이자, 세상에 대한 그리스도의 주 되심을 믿는 믿음이 증언과 활동을 촉진하는 공동체이다. 이 점을 특히 강조할 필요가 있다. 현재 그리스도의 주 되심이 많은 교회론에서 교회의 진정한 특징을 가리키는 **교회 정체(政體)의 원리**로는 인정을 받고 있지만 실제 원동력으로 작용하지는 않기 때문이다.

우리 시대의 평신도 신학은 어느 정도 평신도를 위한 신학이 될 필요도 있다. 진지하게 생각하면 '평신도층'이란 단어가 이미 영적으로 깨어 있는 평범한 교인들을 모두 포함하기 때문이다. 거기에는 남자와 여자, 가난한 자와 부유한 자, 사회적 신분이 높은 사람과 낮은 사람, 교육을 잘 받은 사람과 그렇지 못한 사람

등 모든 사람이 포함된다. 요컨대, 교인의 자격을 부여할 수 있는 모든 범주를 다 아우른다는 말이다.

사도 바울도 여러 편지에서 그렇게 하고 있다. 그는 최근에 회심한 자들로 구성된 '교회들'에게 편지를 쓰면서, 이런 어린 '교회들'의 목사이자 개척자로서 그들의 실제적인 문제들과 일탈과 혼동을 다루고 있다. 거기에서 바울은 그리스도 안에 있는 폭넓은 하나님의 진리, 진리와 가치와 능력의 신세계 등을 심도 있게 소개하며 다양한 충고를 곁들이고 있다. 그런데 바울은 자기가 '약한 자'와 '강한 자', 세상에서 '멸시를 받는 자'와 '비천한 자', '지혜로운 자'와 '자랑하는 자' 혹은 그리스도 안의 '어린 아기들'을 다루고 있다는 사실에 전혀 신경을 쓰지 않는다. 오히려 그들이 다 함께 '교회'를 이루고 있고 그리스도와 성령의 지배 아래 있는 것을 기뻐한다.

그리스도와 성령의 지배 아래 있다는 사실은 그리스도인을 이해하는 데 그저 쓸모 있는 요소 정도가 아니라 결정적인 요소이다. 우리는 언제나 '일등급' 평신도들이 아니라 평신도층 전체를 염두에 두어야 한다. 평신도 이슈를 올바른 관점에서 보려는 사람들 중에는 그것을 단지 '일등급' 평신도의 견지에서 생각하려는 위험한 성향이 있다. 물론 뛰어난 문화적·교육적 능력을 갖고 있거나 세상에서 중요한 자리를 차지하고 있는 소수의 평신도들이 그리스도의 지배 아래서 그것을 활용한다면 매우 중요한 인물들임에 틀림없다. 그러나 무엇보다도 먼저 '일등급' 평신도와 평범한 평신도를 모두 포함하는 평신도층 전체가 중요하다는 것을 원칙으로 세워야 한다. 양자 모두 부름을 받았기 때문이다.

이 성경적인 본보기가 하나의 규칙이 되어야 한다. 오늘날 우리는 여러 면에서 초대 교회와 같은 상황에 처해 있다. 교회의 평범한 교인들, 곧 평신도 계층은 대체로 무지하고 영적 문맹 상태에 있다. 규칙적인 교회출석과 교회활동에 참여하는 등의 성실한 태도 때문에 이런 영적 문맹이 대체로 간과되는 실정이다. 평신도의 대다수가 구속과 화해, 하나님의 나라, 죄 용서, 십자가의 어리석음 같은 핵심 단어들의 깊은 의미를 제대로 안다고 생각하는 것은 큰 착각이다.

물론 나라와 교회에 따라서 영적 문맹의 정도에 차이가 있을 것이다. 가장 두드러진 본보기는 미국이 아닐까 생각한다. 미국인은 그런 주제를 탐구하는 좋은 습관이 있기 때문이다. 미국은 현재 유례없는 종교적 부흥이 일어나서 교회로 돌아가는 분위기다. 오늘날 곳곳의 교회에서 볼 수 있는 '영적 문맹'과 그 함의 및 부수적 현상의 뜻을 명백히 알기 위해 헤르버그(W. Herberg)의 책, *Protestant, Catholic, Jew*(프로테스탄트, 가톨릭, 유대인)[1]를 인용하는 게 좋을 듯하다.

"1949년에서 1953년까지 5년 동안 미국에서 배포된 성경이 140퍼센트 증가하여 일 년에 972만 6,391권이라는 역대 최고를 기록했다. 사람들이 유례없는 비율로 성경을 구입하고 배포했던 것이 분명하다. 더 나아가, 미국 성인의 5분의 4가 성경을 '위대한 문학 작품'이 아니라 '계시된 하나님의 말씀'으로 믿는다고 했다. 그런데 그들에게 '신약성경 첫 네 권의 이름'을 말해보라고 했더니 53퍼센트가 단 하나도 대지 못했다. 미국인들이 성경을 하나님의 영감으로 된 책으로 믿고 열심히 구입하고 배포하지만 그만큼 성경이 그들의 삶과 사상에 영향을 미친다고 말할 수는 없다.…교회에 합류하여 교회활동에 참여하는 사람들은…자기네 종교를 진지하게 여기는 정직하고 지성적인 사람들이다." 그러나 그들의 종교적 사유와 감정과 행위는 "그들이 고백하는 신앙과 명백한 관계를 맺고 있지 못하다." 그것은 "세속주의 틀 안에 있는 종교성"이다. 이 인용문은 미국적인 색채를 띠고 있지만 평신도 신학이 또한 어느 의미에선 평신도를 위한 신학이 되어 기독교 신앙과 교회가 진정 무엇인지를 알도록 눈을 열어주는 역할을 해야 한다는 것을 명백히 보여준다.

그러므로 평신도 신학은 전문성에서 벗어나 단순한 신학이 되어야 한다.[2] 그렇다 해도 그것은 하나의 신학이다. 기독교의 계시, 신앙의 의미와 범위에 관한 일관된 사상은 하나같이 신학에 해당하기 때문이다. 신학 그 자체는 전문가 집단의 특별한 관심사가 아니라 모든 그리스도인의 관심사이다.[3]

이런 현실적인 진술을 평신도 신학의 서문으로 삼을 때에만 우리가 처한 역설적인 상황을 인식할 수 있다. 한편, 우리는 교회의 갱신과 개혁에 있어서 최대의 요충지가 평신도층, 곧 '일등급' 평신도가 아니라 평신도 전체라고 주장한다. 다른 한편으로, 온갖 부류의 일반 평신도들은 세상적으로 말하면, 대체로 영적 문맹과 자신감의 결여로 인해 무능한 편이라고 강조한다. 그러나 사복음서에 나오는 주님과 여러 편지에 나오는 바울의 행습을 보면 우리는 이런 역설적인 상황을 받아들이게 되고, 복음의 관점에서 보면 그것이 역설적인 상황이 아니라는 것을 알게 된다. 평범한 교인들을 일괄적으로 미성숙한 사람들로 취급하면 그들은 미성숙한 상태로 남는다.

2장이 이 점을 분명히 보여주었다. 교회 내 그리스도와 성령의 임재에 대한 믿음과 경험에 입각해 볼 때, 그리스도는 모든 남녀에게서 독립적이고 책임 있는 사람들, 곧 자기가 부름 받았다는 사실을 아는 이들을 창조할 수 있다. 만일 그들에게 주는 메시지가 교회 안에 그리스도와 성령이 현존하고 있다는 믿음을 바탕으로 전해진다면 그렇다는 말이다. 해외 선교지에서는 아주 미성숙하고 무지한 사람들이 영적이고 지성적인 교회를 세우는 것을 볼 수 있다.

물론 '유능한' 교인들도 필요하지만 모든 평신도가 원칙적으로 그리스도의 종이라는 사실에 기초하여 그들을 대하는 것이 중요하다. 달리 말하면, 그들은 그리스도 안에 있는 위대한 교제로 부름을 받은 정식 구성원들이다. 오늘날의 교회를 보면 아직도 다양한 교인들을 대할 때 그들이 모두 부름 받은 사람들이라는 사실이 아니라, 그들의 자발성과 능력에 따라 다르게 접근하는 모습이 눈에 띈다.

사도신경: 충성의 서약

먼저 모든 교회가 지키는 두 가지 의례인 사도신경과 주기도문에 대해 논의해보자.

사도신경이 가장 만족스럽고 포괄적인 신앙의 요약인지의 여부에 굳이 의견이 일치할 필요는 없다. 그것이 보편적 신앙의 요약이란 점과 그 의례적인 용도에 대해서는 이의가 없다. 하지만 다른 한편으로 몇 가지 조항에 대한 '전문적인' 신학의 억지 이론도 증가추세에 있다. 우리의 논의와 관련하여 꼭 알아야 할 사실이 있다. 그것은 사도신경이 처음부터 적대적인 세상에서 예수 그리스도를 삶의 주인으로 선택한 자들의 교제권인 교회에 대한 충성의 서약으로서, 세례 때에 훌륭한 역할을 담당했다는 사실이다. 그것은 본래적 의미의 성례(sacramentum), 곧 자기 지휘관에 대한 군인의 충성 맹세였다. 이 경우에는 한 사람이 그리스도의 군대에 입대했다고, 즉 자기가 속했던 비(非)진리와 죽음의 옛 세계를 버리고 전혀 다른 삶의 법을 지닌 교회의 새 세계로 들어갔다고 선언하는 것이다.

세례는 이처럼 '어둠'에서 '빛'으로, 옛것에서 새것으로 옮기는 것을 극화시킨 행위로서 그리스도와 함께 죽었고 부활했다는 것을 표현하는 상징(롬 6:3, 4)이다. 우리가 교회의 구성원이 될 수 있는 근거는 예수 그리스도 안에서, 그리고 그분을 통해서 펼쳐진 하나님의 행위이다. 교회의 정식 교인이 되는 것은 하나의 특권이요 하나님의 은총이다.

이에 비춰보면 놀랍도록 간결한 사도신경의 내용이 투명하게 드러난다. 혹자는 아버지와 아들과 성령의 이름으로 세례를 받는다. "나는 아버지 하나님과 그분의 아들, 우리 주 예수 그리스도와 성령을 믿는다"는 것이 사도신경의 핵심이다. 하나님의 교회(고전 1:2)라고 말하는 것은 그것이 그리스도의("그리스도의 것으로 부르심을 받은", 롬 1:6) 교회 혹은 성령의 교회라고 말하는 것과 같다. 이 삼중적인 고백의 골자는 우리 주 예수 그리스도에 대한 신앙고백 안에 열거된 여러 사실들인 것이 명백하다.

기독교의 핵심과 영광은 그것이 역사적 신앙이라는 사실에 있다. 신앙은 하나의 신화, 이데올로기, 사람이 고안한 자기구원과 자기성취의 이상적 기획을 믿는 것이 아니라 역사적으로 발생했던 한 구체적인 사건을 믿는 것이다. 그것은 하나님이 친히 개입하신 사건이었고, 역사를 새롭게 조망하고 하나님의 통치를 새롭게 바라보게 하는 인류역사의 전환점이었다.

"예수는 주님이시다"(고전 12:3, 새번역)라는 가장 오래된 신앙고백이 이 역사적 근거를 더욱 뚜렷하게 해준다. 주후 29년에 본디오 빌라도 아래서 고난을 받은 나사렛 사람, 예수가 바로 주님이다. 예수님에 대한 충성이야말로 "그의 아들 예수 그리스도 우리 주와 더불어 교제하게 하시는"(고전 1:9), "성령의 교제"(빌 2:1)에로 부름을 받은 신자들에게 가장 중요한 것이다. 니케아신경이 성령을 "주님이요 생명을 주시는 분"이라고 부르는 것은 옳다. 그것이 그리스도의 주 되심과 성령 아래에 있는 교회의 입장이다. 다른 모든 주 되심은 비합법적이거나 종속적인 것이다. 그것이 새로운 세계의 기본법이다.

우리가 언급해야 할 두 번째 사항은 교회 역시 신앙의 조항이며, 그것은 그리스도 안에서의 한 형제 됨, 새로운 세계, 곧 옛 세계의 정신과 행위와 구별되는 '거룩한' 세계라는 것이다. 예수 그리스도와 성령과 함께하는 교제(koinonia)가 신자들 상호간의 교제(코이노니아)의 창조적 근거이자 지탱자이다. 그러므로 교회의 하나 됨은 범할 수 없고 제거할 수 없는 것인즉, 교단주의로 분립시키는 행태는 하나의 수수께끼요 스캔들이다. 교회의 하나 됨을 보장해주는 것은 그리스도인들의 교제할 수 있는 능력이 아니다. 만일 이 인간적인 '교제'가 우선적인 것이라면, 교회의 하나 됨을 믿는 일은 터무니없는 것이다. 그런데도 우리는 우리의 '교제'를 우선적인 것으로 여긴 채 그 창조적인 근거를 제대로 경외하지 않고 따르지 않기 때문에, 성경적으로 말하면, 부자연스럽고 심지어는 불가능한 분립과 분열이 생기는 것이다.

주님의 기도: 형제간의 연대

교회론의 중요한 몇 가지 요소를 살펴보려면 주기도문도 거론할 필요가 있다. 이 기도는 주로 의례적인 기도가 되어버리는 바람에 그 고유한 능력이 죽고 말았다.[4] 설사 의례적인 행위로 기도하는 것이 신성하고 진실한 감정으로 하는 것이므로 거룩하다 할지라도 이 말은 여전히 사실이다. 우리가 주기도문에 담긴 뜻을 깊이 파고들면 들수록 그 기도의 단순함과 심오함, 단도직입성과 자연스러움의 조합이 우리를 더욱 놀라게 한다. 곰곰이 생각해보면 주기도문이 매우 초보적인 기도임을 알게 되고, 실제로 주기도문으로 기도하면 마음과 생각이 고양되고 순수해지는 것을 느낀다.

우리가 우리에게 죄 지은 자를 용서하는 것처럼 우리의 죄도 용서해달라는 기도는 참으로 놀랍다. 우리가 갖출 용서의 준비를 하나님이 갖추실 용서의 준비의 선제조건으로 삼는 것은 매우 비정통적인 태도로 보인다. 성경이 하나님에 대해 강한 어조로 말하는 것(예: 시 103편, 사 1장, 탕자의 비유)을 보면 더욱 그런 생각이 든다. 그러나 주기도문이 포함되어 있는 산상설교 전체에 흐르는 분위기와는 완전한 조화를 이루고 있다. 하나님이 이런 분이고 이런 일을 하시기 때문에 너희도 그런 존재가 되고 그런 일을 하라는 것, 그리고 용서는 하나님의 일이 아니라 그분의 성품이라고 표현하는 것보다 더 효과적인 방식이 있을까?

그 뒤에 나오는 내용은 더욱 놀랍다. 하나님의 이름을 거룩하게 하는 것, 하나님의 통치가 임하는 것, 하나님의 뜻을 하늘과 땅에서 행하는 것 등의 내용은 매우 단순한 기도이면서도 인간 세계의 근본적인 문제, 곧 하나님의 뜻 및 지존자의 손에 달려 있는 구원의 축복(시 67편)과 상충되는 그 세계의 의지를 환하게 노출시킨다. 단테의 『천국』에 나오는 "그분의 뜻 안에 우리의 평안이 있다"라는 말도 분명히 이 기도에서 배운 것이다. 그리고 이 기도는 매우 폭넓으면서도 가족적인 어구 "우리의 아버지"로 시작해서 "우리에게 주시고", "우리를 용서하시고", "우리를 구해 주시고"라는 말로 점철된다. 이것은 하나님의 가족이 드리는 기도이다. 예수님은 모든 가족으로부터, 모든 가족 위의 한 가족을 세우려고 오셨다. 교회는 본래 가족으로 부름 받은 공동체다. '우리-그대'가 '나-그대'보다 앞선다.

그런데 인간론을 정립할 때 우리는 이 사실을 종종 잊어버린다. 많은 사람이 예수님에게 예수님의 어머니와 형제들이 사역을 중지시키려 한다고 경고하자, 예수님은 이렇게 반응하신다. "누가 내 어머니이며 형제들이냐?" 그리고 둘러앉은 자들을 보며 "내

어머니와 내 형제들을 보라 누구든지 하나님의 뜻대로 행하는 자가 내 형제요 자매요 어머니니라"라고 말씀하신다(막 3:31-35). 그러므로 예수님은 "두세 사람이 내 이름으로 모인 곳에는 나도 그들 중에 있느니라"(마 18:20)라고 말씀하신다. 하지만 예수님은 항상 주님이신만큼 동반자이자 가족의 머리이기도 하시다. 이 주되심이 "아버지나 어머니를 나보다 더 사랑하는 자는 내게 합당하지 아니하고"(마 10:37)라는 혹독한 말씀을 꿰뚫고 있다.

가족의 성격을 띤 교회는 그 삶의 질과 색채에도 당연히 가족의 특징이 나타나야 한다. 그런데 우리 교회의 직제와 교회론들은 그럴 만한 여지가 거의, 혹은 전혀없는 것 같다. 물론 우리의 '직제'에도 불구하고 소그룹을 통해 형제애와 가족적인 행습을 북돋우려는 갱신의 징조가 있긴 하지만 말이다. 예컨대, 신약성경의 본을 좇으려 하는 가정교회를 들 수 있다.

이제까지 사도신경과 주기도문을 잠시 살펴보았다. 이를 통해 교회가 만일 스스로를 예수 그리스도의 교회로, 세상과 사람을 새롭게 하는 존재로, 그 질병을 치유하는 자로, 새로운 인류를 창시하는 자로 이해하기만 하면, 우리는 교회 안에 엄청난 주장들과 약속들이 내재되어 있다는 것을 볼 수 있을 것이다. 그 주장들과 약속들은 너무나 엄청나서 교회가 그 자체의 이름과 권한으로 그런 주장을 하면 신성모독에 해당할 것이다. 교회는 다만 이런 주장들과 목적들의 주체가 되시는 교회의 주님을 증언할 수 있을 뿐이다. 그리고 "누구든지 하나님의 뜻대로 행하는 자가"(막 3:35)라는 말씀은 맨 처음 교회를 위해 하신 것인 만큼, 교회가 그 삶과 활동을 통해 이런 주장의 열매를 보여주는 일은 매우 중요하다.

만일 이런 열매가 나타나지 않는다면, 그것은 교회의 모든 구성원이 "깨어 있지" 못하기 때문이다. 이런 상태는 교회의 증언을 불분명하고 부자연스럽게 만든다. 그래서 갱신을 요청하는 소리가 교회 전체에 울려 퍼져야 하는 것이다. 교회에 대해 건전한 개념과 건전한 태도를 취하려면 모든 구성원이 공유하는 이런 죄책감을 유념할 필요가 있다. 그것이 진정한 가족 정신이다. 그 때문에 우리는 현재 연약하고 부패하고 신실치 못한 교회가 다함께 그리스도인의 교제의 창조적 근거, 즉 그리스도와 성령과 함께하는 코이노니아로 되돌아갈 때에만 다시금 진정한 코이노니아가 될 수 있다는 것을 깨닫게 된다.

앞에서 언급했듯이, 교회의 구성원이 된다는 것은 일차적으로 가족의 머리이신 예수 그리스도께 믿음으로 충성하는 문제이고, 아버지 하나님과 아들과 성령이 우주의 모든 것을 창조하고 지탱하는 실재요 능력임을 믿는 것을 의미한다.

이 시대의 자녀인 우리는 완전히 다른 세계와 분위기에 속한 교회가 되어야 한다. 교회의 초창기에는 이상한 주장들과 충성심을 지닌 교회가 남들에게 거슬리게 보였다. 오늘날의 세계는 모순된 모습을 보이고 있다. '서양' 세계에서 교회는 전혀 거슬리는 기관이 아니다. 오랜 역사와 전통을 지닌 기관이고, 그리스-로마와 히브리-기독교에 뿌리를 둔 서양 문명에 '속하는' 기관으로 여겨진다. 종교적인 자유와 관용의 공식적인 분위기에서 교회는 무례하지 않고 '쓸데없이' 세상사에 참견하지만 않는다면 조용히 그 삶을 영위할 수 있다.

그러나 (그 본질이 '하늘의 식민지', 곧 세상에 침범한 하나님의 반포자요 도구인) 교회가 몸담고 있는 이 서양 문명은 자기모순을 안고 있다. 이 문명은 그 뿌리와 그로부터 나온 도덕과 창조성을 유념하지 않는 건 아니지만, 동시에 초월적인 삶의 질서를 전혀 의식하지 않은 채 살아가고 있다. 게다가 기독교 신앙의 엄청난 주장들과 전혀 상관없는 듯이 살고 있다. 그런데 이처럼 자기모순적인 서양 문명이 '어린 교회들'이 있는 아시아와 아프리카의 여러 민족을 뒤흔들고 그들에게 영향을 미치고 있는 중이다.

정치적인 의미의 '동방세계'는 아주 다른 모습을 보이고 있다. 거기서 교회는 하나의 '걸림돌', 즉 종교 없는 자유로운 세계로 향하는 길에서 넘어야 할 최후의 적으로 간주된다. 여전히 하나의 제도로 여겨지고, 정치적인 상황에 따라 묵인되는 정도가 각각 다르다.

'서방세계'는 서로 간섭하지 않고 공존한다. 얼핏 보면 이상적인 환경인 것 같지만, 사실 신적인 삶의 질서를 증언하고 반영해야 할 교회의 존재와 소명의 관점에서 보면, 가장 위험한 곳이다. 왜냐하면 세상의 소금이 아니라 세상의 한 요소로 기능하라는 유혹을 끊임없이 받기 때문이다. 그러므로 교회의 갱신에 가장 필요한 요건 중의 하나는 이 유혹을 간파하는 것이다.

'동방세계'에서는 한 획일적인 이데올로기가 모든 것을 지배하려고 한다. 외부인이 그 이데올로기를 섬기려 하지 않는다면 그냥 내버려두지 않는다. 공산주의야말로 역사상 가장 관용적이지 않은 가짜-교회이다.

이 세계는 상황에 따라 교회를 핍박하거나 억압하거나 괴롭히거나 유혹한다. 교회의 존재와 소명, 즉 교회의 진정한 자기이해에 입각해서 말하자면, 교회는 세상의 가장 위험한 곳이 아니라 가장 도전적인 장소에 있다. 거기서 받는 유혹은 서방세계에서처럼 그 도전을 분별하지 못하는 게 아니라 고난을 하나의 특권으로 받아들이길 거부하고 싶은 것이다. 이처럼 엄청난 일을 입으로 말하는 것은 쉬워 보인다. 하지만 이런 말을 하는 이유는 모든 것을 성경적인 관점에서 조망하고, 그리스도를 위해 일부러 고난을 자초하는 게 아니라 고난이 닥칠 때 그것을 받아들이기를 바라기 때문이다. "이를 위하여 너희가 부르심을 받았으니 그리스도도 너희를 위하여 고난을 받으사 너희에게 본을 끼쳐 그 자취를 따라오게 하려 하셨느니라"(벧전 2:21).

세상 속의 평신도

이 간략한 논의는 세계적인 현황을 분석하기 위함이 아니라 교회가 오늘날 비우호적인 세계(서방의 경우) 혹은 적대적인 세계(동방의 경우) 안에서 움직이고 있음을 시사하기 위해서다. 물론 원칙적으로는 항상 그렇지만, 오늘날은 그런 현실이 더 선명하게 보인다. 성직자보다 평신도들이 이런 상황에 더 깊이 빠져 있기에 그것을 붙들고 씨름하지 않으면 안 된다.

신학자들은 당연히 기독교 메시지를 교회 밖의 사상과의 상관관계 혹은 모순관계에 비추어 해석해야 하기 때문에 그에 관해 더 많은 지식을 갖고 있는 것이 사실이다. 그렇지만 세상 속에 살며 일하는 가운데 날마다 교회의 뜻과 세상의 의도 사이에서 깊은 간극을 경험하는 것은 평신도층이다. 그들은 지배적인 사조에 의해 빚어지고 결단나고 혼란에 빠지거나 질식한다. 그들 중 다수는 어찌해야 할지를 모른다. 또한 그 마음에 양립 불가능한 것들을 품어 정신분열적인 양상을 띠고 기독교 신앙을 주일에만 국한함으로써 신앙과 교회가 진정 무엇인지를 제대로 인식하지 못한다. 그리하여 기독교 신앙과 교회가 현대세계에 적실성이 있다는 것을 의식하는 사람이 거의 없다.

신학자들이 평신도들에게 줄 도움은 그들이 그들 속에 있는 소망과 믿음을 설명할 수 있게 하는 것이다. 단, 그들도 평신도들에게 배울 마음이 있다는 것을 전제로 한다. 이와 관련해서는 평신도들이 일차적으로 무지하고 무력하고 곤경에 처한 사람들이 아니라 교회의 일부로서 주변 세상과 정면으로 마주쳐서 교회가, 아니 그리스도가 삶의 모든 영역에 적실한 존재임을 선포하고 또 몸소 보여줄 사람들이기 때문이다. 그렇게 하지 못한다면, 바울이 디모데에게 담대하게 말, "이 집은 **살아 계신** 하나님의 교회요 진리의 기둥과 터니라"(딤전 3:15)는 말씀과 같은 것들이 믿을 만한 교리가 아니라 헛소리로, 심지어는 우스울 정도로 오만한 선언으로 들릴 것이다.

교회 안팎의 삶에서 평신도가 차지하는 위상을 정립하려는 평신도 신학은 그것이 무모한 작업처럼 보이는 시대에 시도되고 있다는 사실을 인식해야 한다. 그저 공중에 멋진 생각을 띄워놓고 그것을 평신도 신학이라고 부르는 것은 아무 소용이 없다. 그러므로 신학자들과 평신도들 양자가 모두 선생이자 학생으로서 서로 협력하는 것이 매우 중요하다. 신학자들은 그들만이 이해할 수 있는 언어로 그들끼리 토론하는 데 너무나 익숙하다.[5] 물론 이런 논의도 나름 가치가 있다. 그러나 그들이 혼란한 세상의 영역으로 들어갈 때, 교회 사역이 더욱 효과적으로 수행되도록 도우려면 다양한 평신도들의 자문과 협력이 반드시 필요하다. 달리 말하면, 그런 자문과 협력을 새로운 관습으로 삼는 것이 교회의 신중한 전략이 되어야 한다. 왜냐하면 이 혼란한 세상에서 힘겹

게 살아가는 평신도들 중 다수가 그들이 몸담은 세상에 기독교 신앙이 적실하다는 것을 알고 또 표현하는 방법을 모색하고 있기 때문이다.

그런즉 그들이 정말로 스스로 충성 서약을 그대로 지키는 군인처럼 느끼려면 도움이 필요하다. 하지만 도움이 필요할 뿐만 아니라 도움을 베풀기도 해야 한다. 그들은 구체적인 현실을 더욱 뼈저리게 경험하기 때문에, 그리고 특정 상황에서 그리스도인으로서 주 예수 그리스도를 섬기려다 직면하는 난처한 문제들을 더 잘 알기 때문에 유익한 도움을 줄 수 있고 또 줘야 한다. 다행스럽게도 WCC에 몸담은 우리는 이런저런 교회에서 이와 같은 자문과 협력의 조짐을 보지만, 평신도층을 끌어들이는 힘이 아직도 너무 약하다는 것을 부인할 수 없다.

이 진술은 이 문제의 단면만 겨우 다루고 있을 뿐이다. 말하자면, 교회와 세상의 연결부의 지적 측면과 문화적 측면만 건드리고 있다는 뜻이다. 그러나 신앙고백이 곧 충성 서약에 해당했던 초기의 평신도들은 (그와 똑같이 신앙고백이 세상에서 예수 그리스도의 대의에 대한 충성 서약이 되어야 할) 오늘날의 평신도와는 매우 다른 분위기에서 그런 고백을 했다는 점을 염두에 두어야 한다. 당시에 교회가 증언의 대상으로 삼았던 현실 세계는 매우 '낯선' 특이한 세상이긴 했지만, 그럼에도 삶의 모든 영역을 거룩하게 할 필요성을 본능적으로 알았던 세상이었고, (교회가 거론했고 또 언제나 시급하게 거론해야 하는) 구원과 속죄와 구속을 미친 듯이 원하고 찾던 세상이었다.

우리는 현재 그와 매우 다른 것에 몰두하는 세계에 살고 있다. 몇 가지만 예를 들면, 생활수준, 생산의 효율성 증대, 안락한 삶 등에 사로잡힌 세상이다. 그래서 다수의 훌륭한 사람들이 이런 질문을 던지곤 한다. 오늘과 같이 온통 세상적인 것에 사로잡히고 자기파멸의 위협이 무거운 구름처럼 드리운 세상에서 그리스도인으로 살아가는 것이 정말로 가능할까? 테크놀로지의 발달과 자연의 정복으로 인해 하나님이 가까이 있다는 생각은 죽고 말았다. 매우 고리타분하고 어리석은 생각처럼 보인다.

사람은 홀로 자신의 직무를 잘 해낼 수 있다는 자신감으로 말미암아 하나님의 존재를 진지하게 여길 필요성을 배제시킨 것 같다. 지질학과 천문학의 발달로 인한 새로운 시간의 척도가 자연스레 모든 생각하는 사람의 정신에 침범하여 만물의 창조주요 지탱자인 하나님에 대한 믿음을 근본적으로 재고하게 만든다. 그리하여 창조 이야기를 역사적인 기술이 아니라 시(詩)의 영역에 배치하는 경우가 백배나 늘어났다.

이런 예들은 얼마든지 더 들 수 있다. 요점은 현대적인 인생관과 세계관의 강력한 힘이 활발한 종교생활을 거의 불가능하게 만드는 듯 보인다는 것이다. 그렇지만 교회는 활발한 증언을 하도록 부름을 받았고, 평신도층은 현실의 한복판에서 매우 중요한 역할을 수행하지 않으면 안 된다. 이런 역할은 설교와 공식적인 선언에 넘겨줄 수 없기 때문이다. 그런데 오늘날의 인생관과 세계관에 직면하여 평신도들은 자기 신앙을 표현하기를 주저하기 때문에 (일차원적 세계의 분위기에서 주저할 만도 하다) 자신의 소명을 성취할 능력이 없다는 사실을 우리가 알아야 한다.

오늘날 다른 모든 공동체와는 달리 기독교 공동체는 유독 심한 스트레스로 승리와 기쁨의 분위기가 거의 없는 편이다. 하지만 성령 안에서 기뻐하라고 성경은 말한다. 굳이 여러 구절을 인용할 필요없이 단 하나로 충분하겠다. 베드로전서는 흩어져 살고 있던(디아스포라) 그리스도인들에게 보낸 편지다. 그 배경을 보면 그들이 매우 힘든 삶을 살았던 것이 분명하다. 그런데도 그 편지는 큰 기쁨의 분위기로 시작한다. "우리 주 예수 그리스도의 아버지 하나님을 찬송하리로다 그의 많으신 긍휼대로 예수 그리스도를 죽은 자 가운데서 부활하게 하심으로 말미암아 우리를 거듭나게 하사 산 소망이 있게 하시며"(벧전 1:3). '성숙한' 기독교를 되찾으려면 교회 전체는 성경이 하나님과 그분의 중심성에 관해 명백히 말하는 대목에 몰두하는 일이 필수적이다. 특히 평신도층이 그들의 소명에 따라 주저하는 후진이 아니라 교회의 선봉이 되려면 그 일이 필수불가결하다. 최우선적인 계명, 곧 "네 마음을 다하고 목숨을 다하고 뜻을 다하여 주 너의 하나님을 사랑하라"(마 22:37)는 계명은 교회의 일부가 아니라 모든 구성원에게 주신 명령이므로 이에 기초하여 모든 구성원에게 접근하는 게 필요하다. 요즘은 현대적인 인생관이 지닌 강력한 힘으로 인해 "뜻[지성]을 다하여"라는 어구가 특히 평신도에게 특별한 중요성을 지닌다.

진짜 이슈는 이것이다. 우리는 (우주가 자기파멸의 재난을 당하지만 않는다면) 완전한 사람을 향해 움직이는 맹목적인 우주(하나님이 없는 우주는 맹목적이기 때문에)의 일부인가, 아니면 우리 주 예수 그리스도의 아버지인 살아 계신 하나님이 창조주이자 지탱자로서 (설사 자기파멸의 재난이 우리에게 닥칠지라도) 목표를 향해 이끌어가는 우주의 일부인가? 교회의 북극성은 불안전한 세계에서 노심초사 우리가 추정하는 어떤 것이 아니라, 로마서 8장 38, 39절이 말하는 승리에 찬 믿음의 세계이기 때문이다. "내가 확신하노니 사망이나 생명이나 천사들이나 권세자들이나 현재 일이나 **장래 일**이나 능력이나 높음이나 깊음이나 **다른 어떤 피조물**이라도 우리를 우리 주 그리스도 예수 안에 있는 하나님의 사랑에서 끊을 수 없으리라." 우리가 하나님의 구속의 능력과 치유의 회복을 믿는다면, 그것은 사람이 아니라 하나님이 주도적으로 세계를 바로잡는 책임을 떠맡았고 또 떠맡고 있다고 믿는 것을 뜻한다.

평신도 신학이 진정한 의미를 지니려면 그것이 교회의 소명과 관련해 평신도의 중요한 위상과 책임 있는 동반자 관계를 인정하는 교회론의 일부가 되어야 한다. 따라서 평신도들이 믿음으로 굳게 서서 그리스도가 지배하는 성숙한 기독교를, 즉 약자와 강자, 무식한 자와 유식한 자, 유명한 자와 평범한 자가 동일한 정신과 목적을 품고 그리스도 안에서 진정한 공동체를 이루어, 파괴적인 자기중심성에서 자유로운 구속된 삶의 모습을 보여주는 그런 기독교를 만들게 해야 한다. 이것이 바로 구속의 뜻이고, 세상은 알게 모르게 이런 구속의 징조를 열망하고 있다. 달리 말하면, "하나님의 아들들이 나타나는 것"(롬 8:19)을 간절히 바라고 있다.

알베르 카뮈 같은 작가가 최근의 소설 『전락』(창비, 2012)[6]에서 고상하게 행동하고픈 사람들 속에 자기중심성의 죄가 늘 달라붙어 있다는 사실을 그토록 심오하게 표현한 것은 무척 인상적이다. 그것은 '기독교' 서적에서는 거의 볼 수 없는 생생하고도 절실한 표현이다. 이것이 더욱 의미 있게 다가오는 것은 카뮈가 하나님을 한물간 존재로 여기기 때문이다. 카뮈가 그 작품 속 '영웅'을 묘사하는 대목을 보면 그것이 구속을 향한 뜨거운 부르짖음이란 것을 알 수 있다. 그럼에도 그는 스스로 맹목적인 우주를 선택했기 때문에 이 세계는 구속될 수 없는 곳이라고 확신하고 있다.

마르틴 부버의 주장도 그에 못지않게 인상적이다. 그는 기독교 세계를 향해 예수가 메시아로 왔다는 것은 진실일 수 없다는 주장을 내던진 인물이다. 그는 그렇지 않으면 세상이 이토록 구속되지 않은 듯이 보이진 않을 것이라고 했다. 그런즉 메시아가 장차 올 것이라는 유대인의 기대가 더 믿을 만하다는 것이다.

구속에 대한 이런 신랄한 발언에 대해 논쟁하지 않는 편이 낫겠다. 중요한 점은, 구속주와 구속된 공동체를 그 중심 메시지로 삼는 교회로부터 세상이 구속의 참된 징표를 고대하고 있다는 사실이다.

평신도 신학: 순종과 감사

'십자가의 신학'과 '영광의 신학'을 구별하는 행습은 이미 잘 알려져 있다. 그것은 마르틴 루터의 영향을 받은 유럽의 몇몇 지역에서 특히 사랑을 받고 있다. 이는 우리 그리스도인들에게 고생과 고난의 기간에 십자가 아래서 '전투하는 에클레시아'로 살고 있다는 것을 상기시키려는 것이다. 이는 우리가 '승리하는 에클레시아'로 살고 있지 않는다는 말이다. 평신도 신학이 필수적이고 유기적인 일부를 이루는 교회론이 '영광의 신학'이 될 가능성은 별로 없다. 왜냐하면 평신도층의 유기적 합병은 교회를 현실에서 동떨어진 영광스런 존재로 제시하는 데 걸림돌이 되기 때문이다.

성경이 평신도 신학의 배경으로 제시하는 신학은 '순종과 감사의 신학'이다. 교회가 자신의 정체성, 즉 그리스도의 특별한 영역을 안다면, 그런 방향을 우리 시대의 혁명적 상황에서 취할 수 없다. 교회는 '시대의 징조'를 관찰하고 분별하지만, 이것이 교회의 지침은 아니다. 교회의 지침은 그리스도와 주님의 권위, 그분께 대한 순종이다. 베드로가 산헤드린을 향해 말한 대목에 놀라운 내용이 들어 있다(행 5:32). "우리는 이 일(즉, 예수의 부활과 승천과 구원 사역)에 증인이요 하나님이 **자기에게 순종하는** 사람들에게 주신 **성령**도 그러하니라."

우리가 교회와 그 의미에 관해 생각할 때 첫 번째 지침이 되는 것은 우리의 전통도, 역사적 선례도 아니고 우리와 관계 있는 그리스도의 주 되심이다. 그렇지 않다면, 교회의 존재 이유가 지속적인 자기긍정과 자기주장이 아니라 복음과 세계에 대한 사역이라는 점을 망각한 것이다. 교회는 늘 깨어서 순종하고 주님과 성령의 자극에 열려 있을 때에만 현대세계에서 믿을 만한 증인이 될 수 있다. 이 순종은 곧 세계를 복음화하면서도 그 자신을 복음화할 준비가 되어 있음을 의미하기 때문이다.

그런데 이 순종은 기뻐서 하는 순종이다. 하나님과 주 예수 그리스도에 대한 순종이 기쁨으로 충만하지 않다면, 그것은 모순이다. 이 순종은 하나님이 행하신 구속과 구원의 사역에 대한 반응이기 때문이다. 그러므로 교회론은 그 본질상 감사에 따른 순종의 선포, 순종과 감사를 겸비한 충성의 선언이 되어야 한다. 데살로니가전서 5장 18절에서 바울은 이렇게 말한다. "범사에 감사하라 이것이 그리스도 예수 안에서 너희를 향하신 하나님의 뜻이니라." "이것이(모든 것을 '위해서'가 아니라 모든 것에 감사하는 일)이 '그리스도 예수' 안에서 너희를 향하신 하나님의 뜻이기 때문이다"라는 말은 이 구절이 단지 많은 종교적·도덕적 행동지침 중의 하나에 불과한 게 아니라는 점을 보여준다.

이는 아주 근본적인 고려사항임에 틀림없다. 우리는 종교적이고 도덕적인 차원의 영웅적 행위로서가 아니라 예수 그리스도 안에서 하나님의 뜻에 순종하는 행위로서 모든 일에 감사하도록 부름 받았다. 이 고려사항은 로마서 1장 21절에 비춰보면 명확해진다. 하나님과 인간의 자연스러운 관계는 그분이 모든 선의 원천임을 잊지 않고 늘 감사하는 관계이다. 바울은 이것을 부정문으로 표현하고 있다. "하나님을 알되 하나님을 영화롭게도 아니하며 감사하지도 아니하고"(롬 1:21). 이처럼 하나님을 영화롭게 하고 그분께 감사하는 것을 망각하는 일, 곧 하나님과 사람의 올바른 관계에서 탈선하는 것은 다른 모든 일탈행위의 기본 원인이다. 그러므로 "범사에 감사하라 이것이 그리스도 예수 안에서 너희를 향하신 하나님의 뜻"(살전 5:18)인 것이다.

이런 맥락에서 교회론은 그리스도론의 한 측면이라고 주장하는 것이 가능하다. 교회는 그리스도와 함께하는 공동체, 그분께 감사하며 순종하는 공동체이기 때문이다. 이렇게 생각하면 교회 내에서 평신도층은 자연스럽고도 필요한 자리를 갖고 있다. "교회의 표지들"이란 제목으로 다뤄지는 모든 일이 다른 지향성을 갖게 되는데, 그것은 (역사의 순간순간마다 타당한) 그리스도와 성령에 대한 순종의 우선성이 기존의 교회론들이 지닌 경직성을 해체하기 때문이다. 이런 교회론들은 그 본질상 역동적이어야 할 교회에 정적인 구조를 부과한다. 그런즉 교회의 진정한 표지는 무엇보다도 이 역동적 성격을 표현해야 마땅하다. 이에 대해 몇 가지 사항을 고찰해보자.

교회의 표지들

오늘날 교회론에 관한 에큐메니컬 담론에서 일어나는 놀라운 현상 중의 하나는 소위 '가톨릭' 진영에서 자주 내놓는 성명으로서, 세계 교회의 대다수가 온전한 교회론을 개발한 적이 없다는 것이다. 엄격하게 말해서 일리가 있는 말이다. 서방세계에서는 종교개혁의 대분열로 말미암아 교회론이란 것을 하나의 특수한 신학적 주제로 주목하게 되었기 때문이다. 오늘날의 에큐메니컬 운동도 다시금 이런 사고방식을 부추기고 있다. 물론 상황은 무척 다르지만 말이다.

교회 초창기부터 교회의 자아상이 다양해서 교회의 표지에 대해 다양한 견해가 있었고, 참된 교회가 어디에 있는지에 대해서도 서로 다른 생각을 품어왔다. 대부분의 경우 이런 발전양상이 역사적으로 정당화되곤 했다. 그렇지만 내가 보기에는, 그런 양상이 또한 자기중심성과 자기긍정에 기여했고, 이는 교회와 세상에 대한 하나님의 계획의 맥락에서 본 그 특유의 외향적 특성을 약화시킨 것도 부인할 수 없다.

보편적으로 수용되는 '표지들'은 두 가지 성례, 곧 세례와 성찬, 그리고 말씀이다. 이 표지들이 특히 개혁교회에서 중요시되는 이유는 말씀과 성찬을 오염시켰던 로마가톨릭교회에 대항해 '올바로 가르친 복음과 올바로 집행된 성례들'을 '성도들 혹은 신실한 자들의 회중'의 필수적인 표시로 매우 강조했기 때문이다. 하나님의 말씀에 대한 해석이 교회와 성례의 토대들 중 하나로 지극히 중요하다는 점을 부인하는 사람은 없을 것이다. 특별히 성례들은 지금보다 더욱더 교회 예배와 공동체 생활의 살아 있는 중심이 되어야 하므로 그것들에 결정적인 가치를 부여해야 마땅하다. 이런 면을 회복하려는 전례 운동들은 교회의 갱신과 그 심화된 삶에 기여하는 바가 크다. 아울러 교회는 그 말씀과 성례로 인해 그 독특성이 두드러지게 나타나는 것도 사실이다. 오순절 날에 탄생한 교회는 초창기부터 영감에 의한 말씀 전파, 교제의 입문인 세례, 성찬에의 참여 등을 교회의 필수불가결하고 불가분의 표지들이자 양육자들로 삼았다. 교회는 다양한 형태를 지닌 공동 예배를 통해 세워지는 것이다.

그런데 우리 시대에도 오로지 그것들만을 교회의 필수적인 표지로 강조해야 하는가 하는 의구심이 든다. 그 표지들을 과소평가하려고 하는 말은 아니다. 오히려 교회의 존재 및 소명의 폭넓은 관점에서 조명하려는 것이다. 그 이유는 그것들을 교회의 으뜸가는 표지들로 역설한다는 것은 곧 교회가 예배 공동체라는 점을 지나치게 강조하는 것이기 때문이다. 예배가 교회의 중심에 속한다는 것이 아무리 옳을지라도, 교회의 소명은 옛 창조세계 한복판에 있는 '새로운 피조물'이 되고, 행진 명령을 받은 공동체가 되며, 하나님의 놀라운 업적을 선포하는 '살아 있는 돌로 지은 영적인 집'이 되는 것이다. 이제까지 교회 의식들의 준수, 주님의 속죄의 죽음을 전유하는 성찬 속에 감춰진 신비에 대한 다양한 신학적 해석에 집중해왔는데, 이는 역사적으로 교회의 본질을 밝히 드러내기보다는 오히려 숨기는 역할을 해왔다.

사실 수많은 평신도들은 흔히 생각하기보다 그런 것에 훨씬 관심이 없는 편이다. 더군다나, 오로지 이런 표지들만을 필수적인 것들로 여기고 거기에만 집중한 결과 평신도들 사이에는 자신이 교회의 주체가 아니라 객체라는 느낌이 만연되어 있다. 이는 교회의 존재와 목적에 관한 우리의 생각을 인위적으로 축소한다. 이런 이유로 교회에 관한 에큐메니컬 논의가 계속 성직과 성례를 중심으로 진행되고 있는 것이다. 이것은 너무 편협하다. 교회의 진정한 본질과 소명이 더욱 밝히 드러나려면 평신도층이 성직과 성직자들만큼이나 교회 내의 주체라는 점을 반드시 파악해야 한다.

우리에게 필요한 교회의 자기이해는 성경적인 근거를 제시할 수 있는 견해이다. 신약성경에 나오는 형태들과 패턴들로 되돌아가야 하기 때문이 아니다. 사실 신약성경에는 단 하나의 형태와 패턴이 있는 게 아니라 복수의 형태와 패턴이 존재한다. 그렇기 때문에 다양한 교회론들이 이런저런 구절들에만 주목한 채 마치 자기네 주장이 성경적 근거를 갖고 있는 것처럼 행세할 수 있다. 성경적인 자기이해란 교회를 움직이고 또 교회의 본질에 해당하는 동기와 힘과 정신을 파악하는 것을 말한다. 이를 칼 바르트는 다음과 같이 명료하게 표현한다. "성령이야말로 예수, 곧 주님이 세상에서 기독교를 그분의 몸으로, 즉 그분 자신의 역사적인 존재형태로 세우는 생명력이다. 말하자면, 기독교를 성장시키고 보존하고 그분의 성도들의 공동체로 임명함으로써, 그분을 통해 일어난 온 인간 세상의 성화작업에 예비적 상징이 되기에 적합한 모습으로 만들어준다."[7]

성령이 교회를 탄생시켰다. 그것이 성령의 사역이다. 이는 오순절 이야기에 명백히 나타난다. 그러므로 교회는 성령이나 그리스도 및 그분의 업적을 마음대로 처분할 수 없다. 오히려 그리스도와 성령이 교회를 처분할 수 있는 주체이다. 그리스도가 주님이고, 성령을 소유하고 보내는 분이다. 교회는 성령을 위해 기도하고 그분을 기대하는 것이 그 특징인 만큼 아버지와 아들과 성령에 의존하는 공동체인 것이다. 그 생명의 진정한 원천인 삼위 하나님께 의존하는 것이 세상의 다른 모든 공동체와 구별되는 교회의 독특성이다. 교회는 하나의 기관으로서가 아니라 하나님의 나라를 고대하는 공동체로 세상에 들어왔다. 결국 하나의 기관이 되긴 했지만 이 목적을 섬기는 한 기관으로서의 합법성을 지니게 되는 것이다.

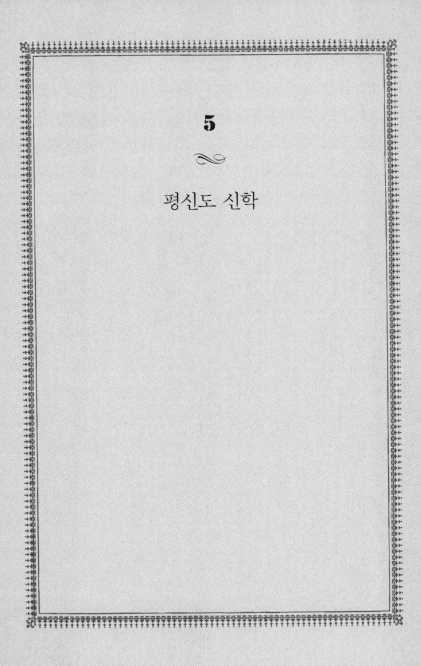

5

평신도 신학

❖

세상의 구원과 구속을 위한 하나님의 자기 계시의 역사를 공정하게 이야기하려면 맨 먼저 하나님이 세상을 염려하셨다는 말부터 해야 한다. 그리스도 안에서 일어난 모든 일을 보면 하나님이 온 인류를 염두에 두고 계셨음이 분명하다. 교회는 최종적인 실체가 아니라 잠정적인 실체이다. 따라서 교회는 일차적으로 그 자신이 아니라 세상을 위해 존재한다.

그런데 이 기본 진리에 사람들이 지적으로는 쉽게 동의하지만, 교회에서는 그 진리를 찾아볼 수 없다. 교회들이 복음전도에 대한 책임감이 있고 온갖 사회봉사를 수행하고 있는데도 여전히 내향적인 색채를 띠고, 여론도 그렇게 생각하고 있음이 엄연한 사실이다. 이는 오랜 세월에 걸쳐 각인된 이미지라서 교인들과 여론 모두 자연스레 그렇게 생각하는 것이다. 교회가 자기 영광에 투입한 엄청난 시간과 종종 스스로를 신성화한 것이 그런 생각을 보여주는 지표이다.

이런 상황을 초래한 많은 요인을 굳이 논의하지 않더라도 교회가 무엇보다 그 자체의 성장과 번영에 열중하고 있다는 결론을 내릴 수 있다. 한 마디로, 교회 중심적이라는 말이다. 자기중심적이라는 뜻이다. 세상에 대한 관심은 기꺼해야 부차적인 문제일 뿐이다. 세상과 그 필요에 대한 뜨거운 관심이 성경에 가득하고 또 하나님의 자기 계시의 역사 배후에 있는 추동력인데도, 그런 관심을 '전형적인' 교회의 '전형적인' 태도와 '전형적인' 교인의 태도에서 도무지 발견할 수가 없다.

그러나 곤경에 처한 세상, (위대한 업적과 승리에도 불구하고) 잃어버린 세상에 대한 크나큰 염려야말로 교회의 진정한 뜻을 이해하는 데 필요한 기본요소이다. 마치 소금이 바닷물에 널리 퍼져 있듯이 세상을 향한 뜨거운 관심이 교회의 모든 국면에 스며들어야 한다. 교회는 하나님을 닮은 존재로서, 또 그리스도를 닮은 존재로서 그런 관심을 품어야 마땅하다. 이제 잃어버린 세상(하지만 여전히 그분의 세상이다)에 대한 하나님의 염려가 밝히 드러나는 역사의 중대한 시점들을 살펴보자.

창세기는 첫 부분에서 하나님과 사람의 운명적인 결별에 관한 이야기를 들려준 뒤에, 하나님이 이후의 역사에서 사람을 '추적하기'로 결심하셨다는 대목을 자주 보여준다. 이른바 '노아 언약'(9장)은 하나님이 친히 그분 자신과 '땅에 있는 모든 생물' 사이에 세운 언약이다. 아브라함과 함께 하나님은 이스라엘을 그분의 선민이자 특별 계시의 도구로 삼는 수축과 집중의 운동을 시작하신다. 이 수축운동은 이성과 정의에 거슬리는 자의적인 편애 행위로 보일지 몰라도, 사람의 심장의 수축운동과 동일한 본질과 기능을 갖고 있다. 말하자면, 심장이 수축하는 것은 혈류가 온 몸을 가득 채우고 거기에 생기를 주고 그 몸을 섬기게 하기 위해서다. 하나님은 보편적인 목적을 위해 누군가를 선택하신다. 아브람은 맹목적인 믿음으로 그의 고향과 친척을 떠나 미지의 땅으로 가서 큰 민족의 조상이 되라는 말씀을 들었다. 그런데 하나님의 선택에 관한 이야기의 말미에는 이런 내용이 나온다. "땅의 모든 족속이 너로 말미암아 복을 얻을 것이라"(창 12:3). 이스라엘을 선택하실 때에도 세상을 향한 하나님의 목적은 변함이 없다.

선지자들은 이런 하나님의 관심을 신실하게 해석했으며, 이것이 교회의 일차적인 존재 이유이기도 하다. 요한복음 3장 16절은 "하나님이 세상을 이처럼 사랑하사 독생자를 주셨으니"라고 분명히 말한다. 그분이 신실한 자들과 신자들, 교회를 그토록 사랑하셨다고 말하지 않는다. 세상이 바로 그분의 목적인 것이다. "뜻이 하늘에서 이루어진 것 같이 땅에서도 이루어지이다"(마 6:10)라는 예수님의 기도는 세상을 하나님의 활동이 펼쳐지는 무대로 본다. 바울은 예수 그리스도가 세상에 오신 위대한 사건의 무한히 깊고 넓은 의미를 해석할 때, 누가복음에 나오는 시므온의 찬송(눅 2:30-32)을 그대로 고수한다. "내 눈이 주의 구원을 보았사

오니 이는 만민 앞에 예비하신 것이요 이방을 비추는 빛이요 주의 백성 이스라엘의 영광이니이다." 가장 좋은 본보기는 고린도후서 5장 19절에 나오는 그의 중요한 말이다. "하나님께서 그리스도 안에 계시사 세상을 자기와 화목하게 하시며." 이와 관련하여 디트리히 본회퍼 같은 위대한 그리스도인은 그의 유작인 『윤리학』(대한기독교서회, 2010)에서 세상과 하나님의 화목을 기독교 윤리의 출발점으로 삼음으로써, 기독교 윤리의 문제는 모든 피조물 사이에 그리스도 안에서 드러난 하나님의 실재가 참으로 나타나는 것이라고 말할 수 있었다.[1] 이는 뛰어난 통찰이 아닐 수 없다. 앞에서 교회는 최종적인 것이 아니라 잠정적인 실체라고 말했다. 바울은 그리스도의 구속의 폭넓은 범위를 에베소서 1장 8-10절에서 놀라운 필치로 개진한다. "이는 그[하나님]가 모든 지혜와 총명을 우리에게 넘치게 하사 그 뜻의 비밀을 우리에게 알리신 것이요 그의 기뻐하심을 따라 그리스도 안에서 때가 찬 경륜을 위하여 예정하신 것이니 하늘에 있는 것이나 땅에 있는 것이 다 그리스도 안에서 통일되게 하려 하심이라."

교회는 세상을 위해 존재한다

그러므로 하나님의 자기 계시 및 세상을 구원하는 사역의 뜻과 범위로 인해, 교회는 하나님과 (세상과 교회의 주님이신) 예수 그리스도를 '본받도록' 부름을 받은 존재이다. 따라서 언제나 그 자신이 아니라 세상을 위해 존재한다는 사실을 의식해야 마땅하다. 이것이 교회의 기본적인 존재법칙이다. 역사적으로 교회는 이 사실을 망각하기 일쑤였다. 따라서 이 사실을 아무리 자주 반복해도 지나치지 않다. 그리스도를 통한 위대한 구속, 그분 안에 있는 '하나님 자녀들의 자유'는 모든 타락의 핵심적인 죄이자 뿌리인 이기심과 자기중심성에서 해방되는 데 있다.

이 죄가 얼마나 무서운 힘을 갖고 있는지는 슬프게도 그동안 하나님이 세상을 향해 손을 뻗치고 있다는 것을 교회가 자주 망각한 사실로 입증되었다. 이 망각의 질병은 이기심과 자기중심성에 다시 빠지는 것이기 때문이다. 교회가 하나님의 본을 좇아 세상 중심적이 되는 것이 교회다운 모습이다. 교회를 세상으로부터의 안전한 피난처로 여기고 교회 중심적이 되는 것은 교회의 본질과 소명을 배신하는 짓이다. 오직 교회 자체를 그 목적으로 삼지 않을 때에만 교회는 진정한 교회가 될 수 있다.

오늘날 교회의 현실을 아는 사람은 누구나 이런 주장이 우리의 교회제도와 교인들의 생각에 근본적인 방향전환이 필요하다는 것을 역설하고 있음을 알아차릴 것이다.

이런 관점에서 접근하면 그리스도께서 성령을 통해 창조하시는 교회 공동체는 본질적으로 선교적인 양상과 사역적인 양상을 띠게 된다. 이 두 가지 양상으로 교회의 본질과 소명이 표출되는 것이다. 이 두 양상을 교회의 진정한 표지로 주장하면 이는 쓸데없는 토론만 낳을 것이다. 그러나 한 가지는 꼭 말해야겠다. 이 둘은, 마치 숨 쉬는 일이 인간의 몸에 속하듯이, 교회에 속하는 것이다. 이 둘은 교회와 교인들의 시선을 계속해서 그 존재 이유로, 그 존재의 원동력과 창조력으로 돌리게 해준다. 다름 아닌 주 예수 그리스도와 성령이다. 이 둘은 교회를 자기만 생각하고 자기를 높이고픈 유혹에서 벗어나게 해준다. 그 대신 무엇보다도 하나님의 목적을 위한 도구이자 선택된 그릇이라는 테두리 내에 묶어둔다.

교회는 선교이다

교회의 본질과 소명으로 보면 교회는 선교적인 존재 혹은 사도적인 존재라고 할 수 있는데, 이를 좀 더 자세히 살펴볼 필요가 있다. 이 측면을 보다 적절하게 표현하자면, "교회는 선교이다"(Church is Mission)라고 말할 수 있다. 이것은 우리가 흔히 사용하는 교회의 선교적 과업 내지는 의무라는 말의 뜻과는 전혀 다른 의미를 지닌다.

사람들은 흔히 교회의 선교적 과업 내지는 의무를 많은 활동 중의 하나로 생각한다. 어쩌면 중요한 활동들 중의 하나일지 모르지만, 어쨌든 교인이 서로 다른 태도를 취해도 무방하고 관여할 수도 있고 초연할 수도 있는 활동으로 여기는 것이다. 그런데 만일 교회가 여러 활동의 하나로 선교활동을 갖는 데 그치지 않고 교회 자체가 선교라고 생각하면, 그런 생각은 교회의 본질 및 소명과 상충된다. 교회가 선교활동을 갖고 있다는 말은 이 활동이 실제로 수행되는 특정한 때와 장소가 있다는 것을 의미한다. 반면에 "교회는 곧 선교이다"라는 말은 교회가 보냄을 받은 곳이면 멀든 가깝든 모든 곳과 모든 때에 존재한다는 것을 의미한다.

왜 우리는 교회가 곧 선교라고 말해야 하는가? (교회가 선교활동을 갖는다는 말은 그 어구에서 파생된 것이다.) 그것은 온 인류에 대한 하나님의 염려에 관하여 우리가 말한 내용에 함축되어 있다. 하지만 이 점은 성경의 여러 대목이 명백히 보여준다. 교회의 선교활동에 동기를 부여할 때는 언제나 대위임령을 거론하곤 한다. "그러므로 너희는 가서 모든 민족을 제자로 삼아 아버지와 아들과 성령의 이름으로 세례를 베풀고 내가 너희에게 분부한 모든 것을 가르쳐 지키게 하라 볼지어다 내가 세상 끝날까지 너희와 항상 함께 있으리라"(마 28:19-20). 선교활동은 주님의 뜻이고 끝이 없는 과업이다. 그런데 만일 교회의 선교 확장이 단지 의무 수행에 불과하다면, 선교는 교회의 본질이 아니라 하나의 '표지'일 것이다. 사도행전 1장 8절은 좀 더 깊이 들어간다. "오직 성령이 너희에게 임하시면…땅 끝까지 이르러 내 증인이 되리라." 성령이 교회에 세례를 주어 증언을 하게 한다. 예수님이 제자들과 함께 친밀한 모임을 갖고 있을 때(이는 그들에게 매우 중요한 순간이었겠지만 그에 대해 우리는 거의 모르고 있다) 대단히 심오한 말씀을 하신 것으로 요한복음 20장 21절에 기록되어 있다. "너희에게 평강이 있을지어다 아버지께서 나를 보내신 것 같이 나도 너희를 보내노라." 제자들은 사도들이 된다. 예수 그리스도가 바로 사도(요 17:3)이다. 세상을 향한 하나님의 내적 열망이 예수 그리스도 안에서 세상 속으로 들어왔고, 교회를 통해 이 열망은 계속 존속한다. 교회는 증인들의 공동체인 만큼이나 '보냄 받은 자들'의 공동체이다.

성경은 하나님의 부르심과 보내심으로 가득 차 있다. 그래서 교회는 선지자들과 사도들의 터 위에 세워져 있다고 말하는 것이다. 교회의 연합과 (사도적인) 선교는 유기적으로 연결되어 있다. 심리학적 관점에서 보면 선교와 연합 간의 유기적인 관계는 매우 설득력이 있다. 교회가 진정한 증인이 되기 위해 무엇보다도 선교에 몰두하며 세상과의 만남을 통해 케리그마(복음전파)를 개발한다면, 분파가 생기고 말다툼이 일어나서 형제애와 사랑의 유대관계를 망각하게 될 가능성이 별로 없다.

같은 맥락에서 교회가 분열된 곳에서 그 분열과 분립이 얼마나 슬프고 부끄러운 일인지를 알려면 다함께 복음전도와 선교의 멍에를 지는 게 최선이다. 그렇게 할 때 연합의 끈이 우리가 만든 종합적인 틀과 타협이 아니라, 오직 그리스도 안에 있다는 것을 그 어떤 신학적 토론을 통해서보다 더 깊이 절감하기 때문이다.

우리가 오직 그리스도 안에만 구원이 있다고 선포하는 경우에 "교회 밖에는 구원이 없다"는 말이 아니라 "그리스도 밖에는 구원이 없다"는 말이 성경적 교리임을 더 잘 깨닫게 되기 때문이다.

이런 심리학적이고 인간적인 고려사항이 아무리 많은 진리를 담고 있을지라도, 연합(Unity)과 선교(Mission)의 하나 됨은 더 깊은 근거를 갖고 있다. 진정한 에큐메니컬식 질문은 "우리가 어떻게 하나 됨을 회복할 수 있는가?"가 아니라 "그리스도가 나뉘었는가?"이다. 이 터무니없는 질문은 우리의 눈을 열어 분열의 불합리성을 보게 해주는 최상의 물음이다. 분열을 해명하기 위해 온갖 인간적이고 역사적인 논리를 동원한다 해도 그 불합리성은 변하지 않는다.

요한복음 17장의 세 군데에서(18, 21, 23절) 예수님은 제자들을 위한 엄숙한 기도에서 하나 됨과 선교가 불가분의 관계로 묶여 있음을 보여주신다. "아버지께서 나를 세상에 보내신 것 같이 나도 그들을 세상에 보내었고"(18절). 이를 가리켜 신적인 사도적 계승이라고 불러도 무방하다. 하나님은 그분의 아들을 그분의 사도로 보낸 사도적인 분이기 때문에 이 유일무이한 사도의 교회 역시 사도적인 성격을 지니는 것이다. 이 신적인 사도적 계승이 우리가 품은 사도적 계승의 개념들, 즉 영적 권한, 법적 권한, 성례의 권한을 타당하게 전승하는 것이든, 모든 시대의 교회와 더불어 사도들의 교리를 지키는 문제이든 더 앞서고 또 후자를 상대화한다.

이어 16절에서 이 사도적 위임의 열매("내가 비옵는 것은 이 사람들만 위함이 아니요 또 그들의 말로 말미암아 나를 믿는 사람들도 위함이니")를 언급한 뒤에 교회의 본질 속에 내재된 연합과 선교의 하나 됨을 말씀하신 것이 21절에 나온다. "그들도 다 하나가 되어 우리 안에 있게 하사 **세상으로 아버지께서 나를 보내신 것을 믿게 하옵소서.**" 이는 22절과 23절에서 반복되고 있다. "이는 우리가 하나가 된 것 같이 그들도 하나가 되게 하려 함이니이다 곧 내가 그들 안에 있고 아버지께서 내 안에 계시어 그들로 온전함을 이루어 하나가 되게 하려 함은 **아버지께서 나를 보내신 것**과 또 나를 사랑하심 같이 그들도 사랑하신 것을 세상으로 알게 하려 함이로소이다."

완전히 합법적인 선교는 단 하나의 교회(the one Church)의 선교밖에 없다. 18세기부터 지금까지 수행되어온 선교활동은 물론 우리가 감사해야 마땅하지만, 한쪽이 절단된 불구형 선교이다. 교회의 연합 내지는 하나 됨이 그리스도의 사도직과 교회의 사도직을 합법화해준다. 선교적인 혹은 사도적인 측면 역시 교회의 존재와 소명을 표현해준다. 이 점은 교회 전체와 '모든' 구성원에게 적용된다. 모든 구성원이 이런 특징을 지니고 마음과 생각으로 그것을 인정해야 마땅하다. 이것을 교회의 기본적인 고백과 방향으로 삼아야 한다. 여기서 "모든 구성원"이란 말은 '성직자층'

과 평신도층이 똑같이 포함되어 있다는 뜻이다. 오늘날 평신도에 관한 글을 보면 평신도층을 교회의 고유한 선교적 몸으로 강조하는 것이 눈에 띄는데, 이는 그동안 교회 역사에서 평신도층이 줄곧 무시되어온 것을 생각하면 충분히 이해할 만하고 또 정당화된다.[2]

이런 강조는 현재의 상황에서도 이해할 만하다. 왜냐하면 평신도층이 교회의 본질적인 일부라는 것과 특히 교회사역의 수행 면에서도 그렇다는 것은 지난 몇 십 년에 걸친 새로운 발견이기 때문이다. 이런 이유로 점차 늘어나는 평신도에 관한 문헌이 평신도층의 선교적 소명을 크게 부각시키고 있는 것이다. 그런데 교회의 의미에 관한 사상의 관점에서 보면, 이런 선교적 내지는 사도적인 특징이 교회의 모든 구성원과 관련이 있는 만큼 평신도층도 거기에 포함된다는 점을 유념할 필요가 있다.

교회는 사역이다

이전 세기들과 비교되는 이런 새로운 접근방식을 발견한 것이 우리 시대의 특징이다. 교회가 스스로를 표출하고 그 과업을 수행하는 데 있어서 평신도층이 교회의 중요한 일부라는 것은 새로운 발견이다. 뿐만 아니라, 곳곳에 있는 교회들이 갈수록 더 단호하고 거리낌 없이 선포하고 있는 평신도층의 선교적 소명도 그에 못지않은 새로운 발견이다.

그러나 우리는 이 새로운 발견을 꼭 붙잡고 있되 우리 앞에 매우 힘든 날이 놓여 있다는 사실도 알아야 한다. 그것을 보고 붙잡는 일과, 그것을 교회 내에서 구현하고 온갖 재능과 능력과 천부적인 은사를 지닌 평신도의 삶에서 기본 패턴으로 엮어내는 일은 전혀 별개다. 교회의 차원에서는 그 총체적인 관점과 구조를 수정할 준비를 갖추는 것을 의미한다. '성직자'와 평신도의 차원에서는 새로운 교훈을 배우고 새로운 길을 발견하는 힘겨운 모험을 의미한다.

그런 것을 찾는 과정에서(이미 고무적인 일이 많이 일어나는 중이다) 교회와 세상에서 자신이 차지하는 참된 지위와 소명에 새롭게 눈뜬 평신도 계층이야말로 교회의 선교적 본질과 소명[3]의 주요 양상 중의 하나란 점이 분명히 드러날 것이다. 평신도층이야말로 교회가 지닌 최대의 잠재력이다. 심지어는 복음전도 '캠페인들'과 '운동들'보다 더 크고 더 깊은 잠재력이다.

그리스도께서 성령을 통해 창조하시는 교회의 또 다른 본질적인 양상은 성직자 계층이다. 이와 관련해 맨 먼저 개진할 논지는 교회가 한 사역 혹은 여러 사역을 갖고 있다기보다는 그 자체가 사역이라는 것이다. 물론 교회가 하나의 사역과 여러 사역들을 갖고 있는 것은 사실이다. 특히 급변하는 오늘날의 사회에서는 사역의 종류가 갈수록 늘어나고 그 성격도 변하는 중이다.

그러나 교회가 주변 상황에 적응하고 '평신도의 사역'이란 말이 더 많이 사용된다고 해서 새로운 방향을 설정한다는 뜻은 아니다. 우리가 의도하는 새로운 방향은 다음과 같이 한 마디로 표현할 수 있다. "교회가 곧 사역이고, 따라서 여러 사역들을 갖고 있다(Church **is** ministry, and therefore **has** ministries). 이는 "교회가 곧 선교이고, 따라서 여러 선교활동을 갖고 있다"는 말과 맥을 같이 한다. 이 두 경우에 "is"가 "has"보다 우선하기 때문에 "사역들"과 "선교활동"에 대한 새로운 접근이 필요하다. 맨 먼저 말해야 할 두 가지 사항, 곧 "교회는 선교이다"라는 것과 "교회는 사역이다"라는 것에는 긴밀한 상호의존관계가 있다.

교회의 선교적이고 사도적인 측면은 또한 사역적인 것이기도 하다. 그것은 세상 속에서 가장 필요한 활동, 즉 말과 행위로 길과 진리와 생명이신 그리스도를 선포하는 일로, 세상을 섬기는 것이다. 교회의 사역적인 측면은 또한 선교적이며 사도적이기도 하다. 모든 사역은 그리스도를 증언하는 것이며, 명시적으로나 암시적으로 그리스도를 모든 인생과 각 개인의 주님으로 영접하도록 초대하는 일이다.

그러면 "교회가 곧 사역이고 따라서 여러 사역들을 갖고 있다"고 말하는 것이 왜 필요하고 또 정당한가?[4]

두 가지 이유가 있다. 첫째는 신약성경 전체에서 디아코니아(사역, 섬김)가 그 중심을 차지하고 있기 때문이고, 둘째는 교회와 그

리스도의 관계 때문이다. 전자는 후자에 의존한다. 초기 교회의
삶을 고찰해보면 '사역' 혹은 디아코니아(*diakonia*)라는 단어가 얼
마나 두드러지게 나타나는지 모른다. 여기서는 사도행전을 제외
하고 주로 바울의 몇몇 서신들을 살펴보는 것이 좋겠다. 거기에
초기 교회의 삶이 가장 구체적으로 표현되어 있기 때문이다. 사
도행전은 최초의 교회 역사인 만큼 주로 역사적인 사실들과 교회
가 일으킨 동요에 관심이 많아서 그런 내용이 적게 나온다. 바울
의 몇몇 서신들은 여러 회중과 그들의 영적 아버지인 사도 바울
이 씨름한 내용을 담고 있다.

초기의 디아코니아

디아코니아란 단어는 본래 하인이 식탁에서 수종을 든다는 뜻
이다. 예컨대 누가복음 17장 8절을 보라. 예수님은 비천한 뿌리
를 지닌 이 단순한 단어를 제자 공동체 내에서의 전형적인 정신
과 관계를 가리키는 말로 삼으셨다. 이는 예수님이 그분의 인격
과 사역과 말씀으로 인간관계의 세계에 도입한, 모든 가치관에
대한 근본적인 재평가를 가리키고 있다. 그분은 삶의 모든 영역
을 디아코니아의 원리 아래 두었는데, 이는 보통 '사역'(ministry)으
로 번역되지만 이 단어가 연상시키는 잘못된 이미지를 피하려면
오히려 '섬김'(servantship)으로 번역하는 편이 낫겠다. 베드로전서[5]

는 그것을 그리스도인과 기독교 회중의 삶의 기본법칙으로 분명히 표현하고 있다. "각각 은사(*charisma*)를 받은 대로 하나님의 여러 가지 은혜를 맡은 선한 청지기(*oikonomoi*) 같이 서로 봉사하라"(벧전 4:10). 앞절을 참고하면 이런 섬김의 정신의 뿌리가 사랑임을 알 수 있다. 뒷절을 보면 이 디아코니아가 말과 행동으로 나타나는 것임을 알게 된다. 요한계시록 2장 19절은 두아디라 교회의 장점을 열거하면서 거기에 사랑과 믿음과 인내와 더불어 섬김(디아코니아)까지 포함시킨다.

초기 교회에서는 기독교 공동체를 세우는 데 기여했던 모든 활동이나 기능이 디아코니아의 범주에 속했다. 모든 그리스도인은 사역으로 부름 받은 사역자들, 곧 섬기는 자들(*diakonoi*)이다. 특히 중요한 단락은 에베소서 4장 11-12절인데, 이는 그 전후 문맥으로 보면 그 모두가 교회의 하나 됨을 나타내는 것이기 때문에 더욱 중요성을 지닌다. "그가 어떤 사람은 사도로, 어떤 사람은 선지자로, 어떤 사람은 복음 전하는 자로, 어떤 사람은 목사와 교사로 삼으셨으니 이는 성도를 온전하게 하여 봉사(*diakonia*)의 일을 하게 하며 그리스도의 몸을 세우려 하심이라." 마지막 어구가 특히 중요하다. 이제까지 통상적으로 "성도를 온전하게 한다"는 것과 "봉사의 일을 하게 한다"는 것을 따로 분리해왔는데(영어성경에서는 중간에 콤마를 찍어서), 그것은 디아코니아가 특별한 기능을 가진 특별한 범주의 사람들을 뜻하는 "그 사역"(the ministry)

으로 번역되었기 때문이다. 로빈슨[6]은 그리스어 텍스트에 따르면 그런 콤마가 들어설 여지가 없다고 주장한다. 그리고 이 주장은 옳다. 이 콤마를 제거하면 놀랍게도 그 텍스트의 뜻이 확연히 달라진다. 그렇게 하면 신약성경이 모든 성도를 묘사하는 그림, 즉 모든 구성원이 교회를 세우는 데 기여하는 사역자들이자 종들이라는 것과 잘 들어맞는다. 따라서 더 이상 이 텍스트를 전통적인 교회관, 즉 '사역'(디아코니아)을 특수한 영역으로 보는 관점을 지지하는 데 이용할 수 없다. 초기 교회는 무척 유동적인 상태였던 만큼 이런 특수한 영역을 거의 의식하지 않았다. 모든 강조점을 모든 구성원의 사역(디아코니아)에 두었던 이유는 교회 전체가 똑같이 주님을 섬기는 '종들'이었기 때문이다.

열두 제자는 사도직 자체를 디아코니아의 범주에 속하는 것으로 보았기 때문에(행 1:17) 그들의 주인의 생각을 잘 이해하고 있었다고 할 수 있다. 고린도전서 12장 4-30절에서 바울은 모든 일에 관해 말하면서 영적 능력의 표출과 은사를 '다양한 디아코니아'로 간주했다. 그 자신과 동료들의 일은 '화해의 사역'이다. 즉 그들은 새 언약의 종들 혹은 그리스도의 종들이었던 것이다.

바울은 지극히 강한 성격의 소유자이며 '하나님의 뜻으로' 사도가 되었다는 확신을 품고 있었고, 자기가 개척한 많은 교회를 지휘할 만한 입장에 있었다. 그러나 바울은 자기가 그리스도와 그분의 영의 죄수라는 것을 깊이 인식하고 있었기에 남에게 복종을 요구하는 권위를 주장한 적이 없다. 오히려 양들과의 논쟁과 인간적인 흥분으로 가득한 고린도후서에서 그는 "우리가 너희 믿음을 주관하려는 것이 아니요 오직 너희 기쁨을 돕는 자가 되려 함이니 이는 너희가 믿음에 섰음이라"(1:24)고 말한다.

여기서 바울은 주인이 누군지와 자기는 그 주인의 종이자 노예(doulos)일 뿐이라는 것을 깊이 인식하고 있고, 그 자신과 그의 회심자들 모두 공동의 주님에게 의존해 있기 때문에 그들의 독립성을 충분히 인정하고 있다. "너희 기쁨을 돕는 자"라는 말은 디아코니아의 뜻을 다르게 표현한 것이다. 많은 어려움과 문제를 다루고 있는 바울의 편지들을 살펴보면, 그가 모든 구성원에게 그들이 어떤 은사를 갖고 있든지 그것은 서로를 돌보게 하려고 '공동선'을 위해 주어진 것임을 늘 명심하도록 권면하는 모습을 볼 수 있다(고전 12:7, 25). 바로 이런 상호 섬김의 정신이 분열을 막는 해독제이다. 한 번 이상 바울은 그리스도인들에게, 그들과 교제할 때 본을 보이려고 애썼고 행동으로 '공동선'을 존중하려고 노력했다는 사실을 상기한다(살후 3:7-9).

"목회서신"이라 불리는 디모데와 디도에게 보낸 편지들은 이미 초기 교회의 덜 유동적인 상태를 반영하며 '직분자' 제도(은사에 따른 직분과 기능)의 조짐을 보여주고 있는데도, 여전히 디아코니아의 언어와 정신으로 스스럼없이 말하고 있다. 디모데의 사역과 바울의 사역 역시 디아코니아의 성격을 그대로 지니고 있다.

남자들뿐만 아니라 여자들도 섬기는 자들(*diakonoi*) 내지는 사역자들로 간주되었다. 여성들도 "성도들"(즉, 교회의 구성원들)이라고 불렸다는 것은 그들 역시 남자들과 마찬가지로 세상에서 하나님의 목적을 위해 부름 받았다는 것을 뜻한다. 그들 중에는 뛰어난 여성들도 있었다(행 18:26, 21:9; 롬 16:1, 3, 4, 12). 훗날에는 오로지 남성만이 교회의 운영을 책임졌고 간간히 특정한 여성을 위해 공식 직분을 마련하려고 조심스레 애쓰기도 했는데, 이는 성(性)과 상관없이 교회 전체가 디아코니아(사역)라는 신약의 지배적인 사상에서 멀어진 현상이다.

그리스도 안에 있는 새 공동체의 관점과 태도에서 디아코니아가 얼마나 탁월한 위치를 갖고 있는지를 보여주는 증거가 있다. 바로 오늘까지도 안수 받은 직분자 집단을 사역자층(the ministry)이라고 부르는 관습이다. 이는 오늘날의 교회 구조 내에서 집사(*diakonos*)와 디아코니아가 종속적인 기능이 되어버린 사실과 잘 조화되지 않는다. 모든 기능에 대해 그것이 궁극적으로 '섬김'의 성격을 지니고 있음을 강조하는 일이 종종 건전한 영향을 미치기도 했지만, 아직도 신약성경이 말하는 그런 역동적이고 지배적인 위치를 차지하지는 못하고 있다. 교회의 사역적인 본성, 즉 활동과 본질에 있어서 그 섬김의 성격의 진정한 뜻을 회복하게 되면, 우리는 그리스도 중심적인 디아코니아 대신에 권한과 권력의 배분을 지향하는 교회의 고유한 성향을 정밀하게 조사하는 일이 필요할 것이다. 교회는 그리스도의 사역(디아코니아)에 뿌리를 둔 만큼 교회 자체가 사역(디아코니아)이라는 기본 사실이 다시금 활성화되어야 한다.[7] 안수 받은 성직자의 사역과 평신도의 사역은 모두 제각기 적절한 영역과 소명을 지닌, 동일한 디아코니아의 양상들이다.

교회는 디아코니아다

이는 우리 논점, "교회는 곧 사역이다"(the Church is Ministry)라는 토대로 이어진다. 한 가지 분명한 점은 우리가 이 '사역'이란 단어를 사용할 때 오랜 세월에 걸쳐 교회가 쌓아놓은 이미지들을 필사적으로 떨쳐버려야 한다는 것이다. 그래서 "교회는 디아코니아다"라고 말하는 편이 낫다. 그리스도가 친히 디아코니아를 자신의 인격과 사역을 이해하는 열쇠로 삼았기 때문이다. 교회의 사역과 그리스도의 사역 사이에 긴밀한 관계가 있다고 해서 양자가 동일하다는 뜻은 아니다. 그리스도의 사역은 독특한 것이기 때문이다. 오히려 우리가 그리스도를 섬기고 또 서로와 세상을 섬김으로써 그분의 사역[8]에 참여하는 것이다. 오직 여기에 교회의 '영예' 내지는 '영광'이 있다. 이 밖의 다른 영광은 없다. 바울이 '자랑하는 것'을 자주 배격하는 것도 이런 확신에 근거를 두고 있다.

그리스도와 그의 교회의 관계를 규정짓는 한 가지 방법은 유명한 '삼중적인 직분'의 교리이다. 내용인즉, 그리스도는 선지자이자 제사장이며 왕이라는 것이다. 교회의 선지자적·제사장적·왕적 기능들은 그리스도의 직분을 반영한다. 이제까지 이것이 여러 면에서 매우 유익한 교리였던 이유는 세상에 대한 그리스도의 사역의 다양한 차원을 포괄적으로 보여주었기 때문이다. 특히 교회가 그 자체의 의미를 재진술해야 할 입장에 처한 우리 시대에는 이 교리가 여러 진영에서 크게 환영을 받고 있다. 이 교리는 교회가 이 세상으로부터 독립된 실체라는 것과, 교회의 구조와 권한, 그리고 교회와 세상의 깊은 필요 및 문제들과의 연대관계를 동시에 규정해주기 때문이다. 도무지 연결될 수 없는 간격과 헌신적인 개입이 하나로 묶여 있다.

이 교리가 확고한 성경적 뿌리를 갖고 있긴 하지만 성경적 관점에서 보면 여전히 불완전하다. 그리스도와 교회의 충만함이 선지자, 제사장, 왕 등 이 세 가지 호칭으로 표현된다는 것이 너무도 당연시되고 있다. 이 불완전성은 이미 그 세 가지가 모두 섬기는 자(*diakonos*)로서의 그리스도를 표현한다고 말했을 때 암시한 바 있다. 사복음서를 보면 예수님은 선지자들의 말을 성취하는 자로서, 곧 권위를 지닌 분으로서 말씀하고 있지만 그 자신이 특별한 선지자임은 암시적으로만 표명하실 뿐이다. 예수님이 스스로를 독특한 선지자로 간단명료하게 표명하신 경우는 그 자신이 세상에 들어온 하나님의 말씀(로고스)이라고 밝힌 대목이다. 이것은 주로 "여호와의 말씀이 내게 임했다"거나 "여호와께서 말씀하시되"라고 말했던 다른 선지자들의 입장과 본질적으로 다르다.

예수님이 진정한 대제사장인 것은 사실이나 스스로 제사장이라고 말씀하신 경우는 없다. 그분은 스스로 제물이라고 말씀하고, 동시에 제사를 드리는 자로서 기꺼이 세상의 죄를 지고 가는 제물이 되겠다고 말씀하셨다. 이를 언급할 때 예수님은 다른 말을 사용하신다. 말하자면, 그 자신을 "고난 받는 종"(diakonos)으로 선언하신 것이다. 아울러 그 자신의 왕권을 언급하신 경우는 빌라도 앞에서 발언하셨을 때뿐이다.

이렇게 말한다고 해서 모든 사도의 설교가 예수님의 세 직분들을 대놓고 강조하고 있는데, 사복음서가 이 사실을 제쳐놓은 채 그냥 침묵만 하고 있다는 뜻은 결코 아니다. 또한 내가 세상에 대한 그리스도의 사역 혹은 섬김을 이해하는 데 필수적인 부활과 승천을 잊은 것도 아니다. 그리고 교회의 사역(섬김)의 근거를 오직 역사적인 예수님에게서만 찾는 것도 아니다.[9]

내가 개진하고 싶은 논점은 이러하다. 첫째, 사복음서에 따르면 예수님이 선지자 직분과 제사장 직분과 왕의 직분에 비해 섬기는 자(diakonos)라는 것을 자주 명시적으로 말씀하셨다는 점이다. 둘째, 우리가 그 대목들을 자세히 살펴보면, 그리스도가 선지자와 제사장과 왕이라는 말과 교회도 그런 기능을 수행하여 그분을 섬긴다는 말은 반드시 디아코니아를 그 준거 틀로 삼아야 한다는 것이다. 디아코니아가 자주 언급되고 있다는 점과 디아코니아가 교회 및 그리스도인 존재의 기본법칙으로 선언되고 있다는 사실은 대단히 중요하다.

마태복음 20장 26-27절은 그 법칙을 이렇게 묘사한다. "너희 중에 누구든지 크고자 하는 자는 너희를 섬기는 자(diakonos)가 되고 너희 중에 누구든지 으뜸이 되고자 하는 자는 너희의 종(doulos)이 되어야 하리라." 이 규칙의 논거는 무엇인가? 정답은 28절에 나온다. "인자가 온 것은 섬김을 받으려 함이 아니라 도리어 섬기려 하고(섬기는 자가 되려 하고)." 그리스도의 존재와 의미를 반영하는 이 규칙이 세상의 옛 모습과 교회의 새 모습의 진정한 차이를 보여주는 것으로 언급되었다는 점이 무척 의미심장하다. 세상에서는 권력을 향한 욕심이 지배적인 법칙이다. "그러나 너희 중에는 그렇지 않아야 한다." 권력욕과 지배욕이 섬기고자 하는 욕심으로 교체된다.[10] 예수님은 "나는 섬기는 자(diakonos)로 너희 중에 있노라"(눅 22:27)고 명백히 말씀하신다. 빌립보서 2장 7절에서 바울은 성육신을 그분이 신적인 신분을 벗고 종(doulos)이 되는 것으로 묘사한다. 그리고 예수 그리스도가 보여준 이 신적 겸손의 정신을 바울은 그리스도인 특유의 정신으로 권하고 있다(5절).

가장 인상적인 증거는 예수님이 제자들의 발을 씻는 이야기를 기록한 요한복음 13장에 나온다. 여기서 예수님은 말씀만 하시지 않고 상징적인 행동도 취하신다. 이 이야기가 더욱 감명을 주는 이유는 그것이 공관복음에 나오는 최후의 만찬 이야기에 해당하는 것이라는 일치된 견해 때문이다. 예수님은 흔히 오해를 받는 이 행위를 이렇게 설명하셨다. 예수님은 먼저 그들이 예수님을 주님이자 주인으로 부르는 것은 옳다고 인정하신 뒤에 "종이 주인보다 크지 못하다"고 말씀하신다(요 13:16). 그런즉 디아코니아가 세상을 위한 그리스도의 모든 사역의 근본적인 동기라면, 교회의 존재 이유 역시 그분을 섬기는 것, 그분의 종이 되는 것밖에 없다고 할 수 있다.

그런데 예수님이 펼치신 지상사역의 결정적 순간이 많은 탐색과 몸부림 끝에 그 자신이 고난 받는 종(이사야 53장에 대한 살아 있는 주석)이 되는 것이 아버지의 뜻이라는 무서운 진리를 알았던 때임을 유념한다면, 이 모든 사안은 더 깊은 뜻을 지니게 된다.[11] 고난 받는 종이 된다는 의미에서 예수님은 선지자이자 제사장이며 왕이라고 할 수 있다.[12]

디아코니아: 그리스도의 인격에 뿌리박은 개념

그러므로 우리는 이런 결론을 내릴 수 있다. 교회의 진정한 정신과 모범인 디아코니아는 그 뿌리를 교회의 주인이신 예수 그리스도의 인격과 사역에 두고 있다. 그것은 단지 윤리적 본보기를 좇는 것만이 아니라 하나님이 정하신 새로운 창조질서에 따라 살아가는 것이다. 종교적인 면과 윤리적인 면은 그리스도 안에 있는 새로운 세계에서 서로 별개이면서도 불가분의 관계로 묶여 있고, 교회는 그것을 선포하고 또 실제로 보여주는 존재로 부름을 받았다. 선포사역과 시범사역은 교회의 세상 참여에서 가장 중요한 일이고, 현재 교회가 직면한 엄청난 과업이다. 그리고 그 사역을 수행하는 데 있어서 평신도의 중요성을 아무리 강조해도 지나치지 않다.

따라서 디아코니아를 신학적 명제로 삼아 교회관을 정립하는 것이 바람직하다. 사실 교회의 본질 및 소명과 관련하여 디아코니아를 반박할 수 없는 진리로 보고 붙잡는 일도 가능하다. 그런데 교회의 사도적인 본질의 경우와 마찬가지로, 그것을 신학 사상의 주제로 보고 붙잡는 것과 교회의 삶과 현실로 옮기는 것은 전혀 별개의 문제다. 후자는 교회 자체를 세상에 대한 예수 그리스도(고난 받는 종)의 섬김(사역)에 참여하는 것으로 이해하고 있음을 입증하는 삶을 말한다.

그러므로 우리는 현실적이어야 한다. 그래서 교회가 창조적인 실체임을 주장하는 동시에 그 사실을 자주 망각한다는 점도 인정해야 한다. '이웃'의 세계와 그 필요가 무한한 만큼 '섬김' 또한 무한하다. 선한 사마리아인의 비유는 "누가 나의 이웃인가?"라는 질문에 대한 답변이다. 그 비유는 포괄적인 정의를 찾으려는 시도가 아니다. 실은 예수가 그 서기관에게 "누가 나의 이웃인가?" 하는 물음을 멈추고 당신 자신이 언제나 이웃이란 사실을 알라고 말씀하고 계신 것이다.

여기서 세상에서 살아가는 평신도들이야말로 "교회는 디아코니아이다, 교회는 사역이다"라는 말의 실체를 삶의 모든 영역에서 밝히 드러내는 일차적인 집단임이 분명해진다. 요즈음 에큐메니컬 담론과 활동에 도입된 교회의 '세상-사역'이란 것이 기독교의 색채만 지닌 인도주의적 활동이나 위장된 선교활동[13]으로 변질되는 것을 피하려면, 그 기본적인 동기와 영감을 그리스도를 섬기는 자(Diakonos)로 보는 견해에서 찾아야 한다. 이 경우에는 그리스도의 섬김에 대한 반응인 모든 섬김은 신앙적인 고백인 동시에 구체적인 윤리적 행동으로 나타날 것이기 때문이다.

종이신 그리스도는 또한 주님이시다. 교회의 주님이시다. 세상의 주님이시다. 그리스도의 삶, 가르침, 죽음, 부활을 통해 일어났던, 그리고 일어나는 섬김으로 말미암아 하나님의 구속의 질서가 세상 속에서 세워지고 또 움직이게 된다. 구속은 노예상태(douleia)로부터의 해방, 죄의 노예상태에서의 해방을 뜻한다. 성경은 죄라는 것을 하나님께 순종하지 않아서 생기는 그분과의 숨은 갈등으로 볼 뿐만 아니라, 비합법적인 외국 권력에 묶인 노예상태로도 보기 때문이다. 그런즉 구속이란 또한 이런 '권력들', 즉 하나님의 주 되심을 찬탈하고 사람을 개인적으로, 그리고 사회, 정치, 경제, 문화 등 집단적 차원에서 옭아매는 세력들로부터의 해방을 일컫는다. 교회는 그리스도의 섬김 내지는 사역과 상관관계가 있는 사역(디아코니아)인 만큼 그 삶 속에서 그리스도 안에 있는 이 구속의 질서의 증거를 보여야 할 소명을 갖고 있다. 우리가 "예수님은 종이시다"라는 말과 "예수님은 주님이시다"라는 말을 단숨에 할 때는 그리스도의 왕권이 이 시대에서는 '종의 모습'에 숨겨져 있다는 사실을 결코 잊으면 안 된다(하지만 종종 잊는다). 그분은 가장 치욕스러운 십자가에서 다스리는 왕이시다. 하지만 아직 영광의 왕은 아니다. 세상은 오직 교회 안에 있는 믿음과 소망과 사랑, 용기와 인내의 정도에 따라 그리스도의 숨은 왕권과 그 안에 있는 구속의 질서를 경험할 수 있을 뿐이다.

이제 우리가 내릴 결론은, 유명한 삼중적 직분(선지자, 제사장, 왕)의 교리를 사용하는 방식을 상당히 수정할 필요가 있다는 것이다. 말하자면, 그것은 더 심화되고 넓어져서 사중적 직분이 되어야 한다. 사중적 직분이란 종과 선지자와 제사장과 왕을 일컫는다. 이를 달리 표현하면, 선지자와 제사장과 왕의 거룩한 직분들은 (토랜스의 말을 인용하자면) 오직 "고난 받는 종의 사역" 관점으로 볼 때에만 진정한 의미가 있다는 것이다.

삼중적 직분 교리가 불완전한 이유가 또 있다. 성경적 사상에서 중심을 차지하는 것 중의 하나는 '목양적' 차원이다. 구약성경에는 통치자와 백성의 관계가 목자(목회자)와 양떼의 관계로 묘사되어 있다. 이는 동양의 고대 백성들 사이에서 애호되던 비유적 표현이었다.[14] 하지만 구약성경에서는 아름다운 비유적 표현이나 왕을 위한 이상적인 본보기로서가 아니라 하나님의 뜻에 따른 관계, 따라서 하나님이 정한 인간질서의 특징으로 묘사되어 있다.[15] 이를 잘 보여주는 대목은 에스겔 34장 1-16절이다. 이를 비롯한 여러 선지서의 대목들은, 통치자들과 나라의 의로움이 자비로 채색될 때에만 하나님의 의를 반영한다는 것을 보여준다.

오늘날 우리가 생각하는 목자의 상징은 유명한 시편 23편을 개인적으로 사용하는 경우에 그칠 때가 너무나 많다. 그러나 구약성경은 하나님을 이스라엘 백성, 곧 그분의 양떼의 목자로 자주 묘사한다. 신약성경에도 그런 대목이 많이 나온다. 예수님은 누가복음 15장 4-6절에 나오는 잃어버린 양의 비유에서 하나님을 목자로 묘사하신다. 예수님은 스스로를 그분의 목숨으로 자기 양들을 지키는 목자로 묘사하신다(요 10장). 요한복음 10장은 그분이 길을 잃고 멸시 받고 죄를 범한 이들을 향해 뜨거운 관심이 있음을 강조하고, 그분의 공동체의 미래에 대해 이렇게 말씀하기도 한다. "한 무리가 되어 한 목자에게 있으리라"(16절). 요한복음 21장에서는 베드로를 목자라고 밝히고 있다. 예수님은 목자 없는 양과 같은 군중을 보고 연민을 느끼셨다. 그리고 나사렛 회당에서 마음이 상한 자에 관한 이사야 61장의 대목을 읽으신 뒤에 다음과 같이 말씀하셔서 청중을 깜짝 놀라게 했다. "이 글이 오늘 너희 귀에 응하였느니라"(눅 4:21).

우리의 목적상 이 몇 가지 예만 들어도 충분하겠다.[16] 사도행전(20:28)과 서신들(예: 엡 4:11; 벧전 5:2)에서는 '목자'라는 단어가 그리스도인 회중을 책임지는 지도자들에게 사용된다. 오늘날에는 모든 교회가 회중을 돌보는 일을 맡은 사람들을 목자 내지는 목사로 부르는 것이 관행이다. '사역자'와 마찬가지로 '목사'라는 용어도 교회에서 지도자급 직분을 가진 자들에게 널리 사용되고 있다. 이런 면에서 기독교 세계는 '목자'라는 용어를 결코 잊어버리지 않았다. (오늘날의 의미로 사용되는) 사역과 목양적 돌봄의 의미에 관한 책들을 보면, 교회들이 목양적인 의무의 뜻을 잘 인식하고 있음을 알 수 있다.

그러나 이런 인식이 그리스도의 존재와 소명 및 그와 관련된 교회의 본질과 소명에 관한 의식적 표현으로 표출된 적이 한번도 없었다. 물론 목양적인 면은 근본적으로 다양한 섬김의 사역을 가리키는 것이지만 그 자체의 적실성과 어조도 갖고 있다. 이면은 그리스도의 충만함을 이해하는 데, 즉 밑바닥까지 떨어진 세상을 향한 그분의 연민을 어느 정도 이해하는 데 큰 도움을 준다. 아울러 인간 삶의 전 영역을 아우르는, 교회가 수행하는 섬김의 사역의 폭을 이해하는 데에도 도움이 된다.

장차 우리가 그리스도와 교회의 사역을 이야기할 때 (이 '중간기'[그리스도의 초림과 재림 사이의 기간-역주]에 디아코니아를 기본적이고 포괄적인 범주로 삼는) 사중적인 직분을 중심으로 논하는 것이 관례가 될 것이라고 나는 생각한다.

우리는 모두 인증을 받은 사람들이다

이제 교회의 디아코니아 사역과 관련하여 앞에서 개관한 내용을 반복하고자 한다. 교회의 선교적 본질과 소명에 관한 내용 말이다. 이 내용은 교회 전체, 곧 모든 구성원에게 적용된다. 말하자면, 모든 구성원이 '섬기는 자'로 인증을 받았다는 것이다. 혹은 '섬기는 자'가 되도록 세례를 받았다고 말할 수도 있다. 이 점은 선교적인 측면과 마찬가지로 하나의 기본적인 선언에 속한다. 이는 소위 '성직자층'과 평신도층에 똑같이 적용되는 점이다.

이것이 옳다면(교회 구조에 다양한 명암이 있지만 신약성경을 보면 이 점을 반박할 수 없다고 생각한다) '사역자'란 이름을 교회라는 기관을 직접 섬기는 일단의 일꾼들에게만 국한시키는 것은 잘못이다. 신약성경이 제사장과 제사장의 제물, 다양한 형태의 디아코니아에 관해 말할 때에는 언제나 그리스도인을 일컫는 가장 흔한 이름 중의 하나인 '성도들'을 염두에 두고 있다. 앞에서 언급한 것처럼, 강한 의지와 성격을 겸비한 바울은 그리스도의 규율 아래서 그리스도 안에 있는 교회들의 독립성과 자유를 존중하면서도 그들을 강하게 비판하고 책망하는 자유도 행사했다(이는 세상에서 말하는 민주적인 의미에서 교회들의 자율성을 존중한 게 아니라, 그 자신과 교회들을 똑같이 묶어놓은 그리스도 중심적 자율성을 존중한 것임을 보여준다). 칼 바르트도 *Church Dogmatics*(교회 교의학)[17]에서 각 사람의 삶과 특히 교회의 삶에 대해 섬김(*Dienst*)이란 단어를 표제어로 삼아 확실하게 요약했다.

교회 전체가 사역 내지는 디아코니아인 고로, 신학적으로 말하면, 평신도의 사역은 '성직자'의 사역만큼이나 교회의 진정한 본질과 소명의 구성요소라고 할 수 있다. 성직자의 사역과 평신도의 사역 모두 교회의 본질에 내재된 실체들이고 하나님이 주신 것이다. 이런 각도에서 볼 때에만 이른바 '평신도의 사역'이 단지 경건한 어구에 불과하지 않고 진정한 내용을 지니게 된다. 아니, 그 이상이다. 평신도층은 이런 소명과 이런 사역을 영구적인 특징으로 보유하고 있다. 이를 토대로 누구든지 평신도들에게 그들의 진정한 신분을 상기시켜줄 수 있고 또 상기시켜야 한다.

이처럼 성직자와 평신도를 막론하고 교회 전체가 사역적인 성격을 갖고 있다는 점을 감안하면 '권리'의 문제가 제기될 여지가 없다. 디아코니아에는 다양한 형태와 가능성이 있고 그 소명과 영역도 다양하다. 고린도전서 12장에는 올바른 방향을 제시해주는 대목이 나온다. 은사(*charismata*)는 다양하나 성령은 같다. 섬김은 다양하나 주님은 같다. 능력의 역사는 다양하나 모든 사람 안에서 모든 일을 행하시는 하나님은 같다. 성령의 나타나심은 공동선을 이루기 위해서다. 원칙적으로 권리라는 것은 없다. 교회가 하나의 기관이 될 때 생기는 권리와 지위의 문제는 처음부터 끝까지 그리스도 안에서, 또 그분과 함께 나누는 교제(*koinonia*) 안에서 서로를 섬기려는 동기가 있을 경우에 제자리를 찾게 된다.

온 교회는 그리스도의 통치를 받는 형제관계이기 때문에 '권리'와 '지위'는 부차적인 것일 뿐이다. 어느 사람, 어느 공동체도 어떤 권리나 권한이 자기에게 귀속되어 있다고 말할 수 없다. 사람이나 공동체는 만물을 지배하는 그리스도의 주 되심 아래서 공동선을 위해 자기에게 위탁된 권리나 권한만 가질 수 있다. 비잔틴 교회들의 천정 중앙에 있는 만물의 지배자, 그리스도의 탐색하는 눈이야말로 이 사실을 잘 표현하기에 우리의 경외심을 불러일으킨다.[18]

평신도의 진정한 의미

이제 우리는 2장에서 언급한 바 '평신도층'(laity)이란 용어가 하나님의 백성, 곧 '라오스'에 속한다는 뜻을 지닌 '라이코스'에서 파생된 것이라는 사실을 좀 더 살펴볼 수 있다.

하나님의 백성을 의미하는 '라오스'란 단어는 하나님과 이스라엘의 특별한 관계를 표현하기 위해 이 백성에게 적용된 것이었다. 이것이 신약성경에서는 이방인과 유대인으로 구성된 하나님의 백성을 뜻하는 단어이다. 엄밀히 말하면, '라이코스'가 성경에는 나오지 않지만 그 뜻은 하나님의 백성인 '라오스'에 속한다는 것이다. 이는 영예로운 호칭이다.

우리는 이미 '라오스', '평민'(plebs), 즉 평신도층을 사제직과 대립시켰던 유감스러운 발전양상을 다루었다. 그것은 일찍이 1세기 말에 시작되었다고 했다. 그래서 '라오스'는 무엇보다 먼저 예배하는 공동체를 가리켰다. 하나님의 은혜를 보여주는 그 영예로운 호칭이 갈수록 더 종속적인 호칭으로 변질된다. 그러나 우리가 제기하고자 하는 논점은 교회 전체를 일컫는 '하나님의 백성'이란 호칭이 교회를 이해하는 데 매우 중요하다는 것이다. 구약성경에서는 그것이 이스라엘을 가리키는 호칭이다. 예컨대 출애굽기 19장 4-7절과 신명기 4장, 신명기 7장 6-12절 등을 보면 알 수 있다.

이스라엘과 하나님의 관계는 하나님의 언약과 선택의 행위에 기초를 두고 있다. 이 선택 행위가 이스라엘을 하나의 백성으로 창조한 것인즉, 이 작고 보잘것없는 백성이 지닌 속성과는 아무런 관계가 없었다. 이스라엘 역사의 핵심에는 하나님과 이 백성 간의 극적 다툼이 있다. 이 백성은 계속 언약을 어기고, 계속 돌아오라는 소리를 듣는다. 언약은 서로 충성과 사랑을 다짐하는 것인데, 하나님은 약속을 지키시는 분이므로 이스라엘은 충성하지 않더라도 여전히 하나님의 백성으로 남는다.

언약이란 단어가 신약성경에서는 이방인과 유대인으로 구성된 기독교 공동체에 적용된다. 구약성경과 마찬가지로 하나님의 선택이 맨 처음에 나온다(엡 1:3-10). 그리스도인들은 성도들(klētoi, 이스라엘은 언약상 '거룩한 백성'이 될 의무가 있었다)이란 이름으로 불린다. 교회는 세상에서 '부름 받은' 자들의 공동체(에클레시아)이다. 이와 관련한 고전적인 구절은 베드로전서 2장 9절이다. "너희는 택하신 족속이요 왕 같은 제사장들이요 거룩한 나라요 그의 소유가 된 백성이니." 구약성경에서 여호와께서는 이스라엘이 그분의 거룩한 백성이 되기를, 즉 그분의 소유임을 완전히 인정하는 백성이 되기를 원했듯이, 교회에도 똑같은 것을 기대하신다.

이처럼 교회를 하나님의 백성(라오스)으로 보는 관념이 신약성경의 서신 부분에 깊이 뿌리박혀 있다. 이것은 뚜렷한 이미지나 상징으로 다가올 뿐 아니라 이스라엘과 교회의 불가분의 관계에 근거를 두고 있다. 그저 "교회는 하나님의 백성"이라고 말하는 것만으로는 도움이 되지 않는다. 매력적이긴 하지만 실질적인 영향력이 없는 신학적 상투어처럼 들리기 때문이다. 그럼에도 그것은 성경 메시지의 핵심에 속하고 굉장히 중요한 함의를 갖고 있다. 오늘날의 기독교 세계에서는, 특히 오랫동안 기독교의 영향을 받은 서양에서는, 교회가 어느 한 나라와 결코 동일시될 수 없다는 점을 인식하는 일이 매우 필요하다.

우리는 현재 대다수 그리스도인이 가치관과 우선순위에 대해 혼란스러워하는 시대에 살고 있다. 다수의 정직한 그리스도인은 교회의 멤버십이 국가에 대한 충성심에 우선하는 충성심을 요구하고 있다는 사실을 알면 충격을 받는다. 애국주의는 오늘날 단순한 민족주의가 아니라 강력한 사이비 종교 중의 하나이다. 그리스도인은 생물학적·민족적 의미의 어느 백성과도 결코 동일시될 수 없는 '특이한 백성'이라는 관념은 거의 잠자고 있다. 잠자는 상태에서 깨어나려면 교회가 바로 '하나님의 백성', 즉 모든 나라와 인종을 초월하여 모든 나라에서 부름 받은 사람들로 구성된 '택하신 족속'이라는 성경적 진리를 새롭게 깨닫는 수밖에 없다. 교회(Church)의 보편적 성격은 언제나, 모든 상황과 모든 장소에서, 한 나라 안에 구현된 그 실체(church)보다 우위에 있고 또 우선한다. 하지만 이런 특징이 일상적인 교회생활에는 별로 영향을 미치지 않는다. 기껏해야 지나가는 느낌에 불과하다. 그러므로 다음과 같은 바르트의 말이 옳다. "교회(Church)는 국민의 교회(a Church of the people)가 될 수 없다. 국민을 위한 교회가 될 수 있을 뿐이다. 따라서 이런 의미에서 '한 백성의 교회'(a people's Church)가 될 수 있을 따름이다."[19]

잉글랜드의 교회, 스웨덴의 교회 등과 같은 호칭들은 우리를 속인다. 이런 호칭들은 교회가 '**하나님의** 백성'임을 망각하는 우리의 모습을 보여준다. 교회를 부르는 유일하게 합법적인 호칭은 '~에 있는 그리스도의 교회'이다. 교회가 하나님의 백성이라는 개념, 즉 한 주님을 중심으로 연합된 초국가적이고 초인종적인 몸이란 개념은 에큐메니컬 운동의 필요성도 새롭게 조명해준다. 이에 비춰보면 분열은 교회 속 냉전이라고 할 수 있다.

'기독교 국가'에 해당되는 소위 국민교회(Volkskirche)의 개념은 어쩔 수 없이 교회를 주로 예배 기관으로 만드는 방향으로, 그리고 그 구성원의 성공적인 교육을 도모하는 방향으로 몰아갔다. (서방세계를 일컬었던) 그리스도의 몸(corpus christianum)이란 개념이 이미 무너진 만큼 이 국민교회의 개념도 원칙적으로는 불가능해졌다. 아직도 이 허상을 갖고 노는 교회들이 있긴 하지만 그것은 원칙적으로나 실질적으로 불가능하다. 하지만 크든 작든 교회는 자기를 둘러싼 국민을 위한 교회라는 점을 늘 인식해야 한다. 우리가 현대 세속주의에 감사해야 할 이유가 있다면 그것은 교회가 전통적인 지위에서 근본적인 진리로 돌아오게 한 것이다. 가장 근본적인 진리 중 하나는 교회가 그리스도 안에 있는 '하나님의 백성'이라는 것이다. 오늘날 현존하는 교회들은 대부분 국민교회는 아니지만 옛 국민교회와 마찬가지로 참된 신자들의 교제(ekklèsia proprie dicta)와 단순히 외적인 공동체(ekklèsia large dicta)가 혼합된 교회들이다. 현대어로 표현하자면, 영적인 실체로서 그리고 사회학적 현상으로서의 교회라고 할 수 있다.

하지만 우리는 용기와 믿음을 품고 이 두 얼굴을 가진 교회의 혼합적인 성격에 적응하는 대신, 교회가 '하나님의 백성'을 대변하도록 부름 받았다는 사실을 상기시켜야 한다. 교회에 그 진정한 본질과 존엄성을 상기시키는 일, 즉 교회는 바로 그리스도의 새로운 세계가 옛 세계에 뚫고 들어온 곳임을 상기시키는 일이 회개와 새로운 순종을 통해 교회를 갱신시킬 수 있는 유일한 길이다.

따라서 교회의 본질적 성격을 교회의 모든 구성원에게 끊임없이 이야기하고 또 해석해줘야 마땅하다. 그래야만 빛과 어두움이 뚜렷이 구별되고 늘 순수한 반응을 불러일으킬 수 있기 때문이다. 이에 비춰보면 교회의 모든 구성원은 일차적으로 평신도(laïkos)라고 주장하는 것이 옳다. 이는 소위 평신도들에게 높은 지위를 부여하기 위함이 아니라 온 공동체가 공유하는 토대, 즉 하나님의 '라오스'라는 것에서 출발하기 위함이다.

사실 "교회는 하나님의 백성"이라는 말은 "교회는 선교이다" 혹은 "교회는 사역(디아코니아)이다"라는 말과 다를 바가 없다. 현존하는 교회가 앞에서 개관한 그런 선교적인 실체 내지는 사역적인 실체와는 거리가 멀다는 사실은 누구나 알고 있다. 그러나 교회가 참으로 선교적인 실체이자 사역적인 실체가 되도록 돕는 가장 확실한 방법은 교회의 진정한 정체성을 상기시켜주는 일이다.

끝으로, 한 가지 중요한 사항을 덧붙여야겠다. 교회는 하나님의 백성일 뿐 아니라 **앞날을 고대하는** 하나님의 백성이라는 것이다. 무엇보다도 뒤를 돌아보지 않고 앞을 내다보는 공동체이다. 하나님의 나라를, 다가오는 왕을 고대하는 공동체이다. 그래서 소망의 백성이라고 할 수 있다. 모든 섬김은 이 나라에 대한 섬김이다. '하나님의 백성'은 과거나 현재가 아니라 미래의 지배를 받는다는 말이다.

평신도의 책임 있는 참여

이제까지 개진한 논지는 다음과 같다. 교회는 곧 사역(디아코니아)인즉 사역은 교회 전체의 의무이지 '구별된' 특정 그룹에게만 부과된 의무가 아니다. 따라서 '평신도의 사역'은 교회의 삶과 섬김의 불가결한 일부이다. 에클레시아의 모든 구성원은 원칙적으로 똑같은 소명과 책임과 존엄성을 갖고 있고 교회의 사도적이고 사역적인 본질과 소명을 공유한다. 그들은 모두 하나님의 자녀와 종으로서 동일한 하나님의 은혜로 살기 때문에, 바울이 로마의 모든 회중을 향해 "우리가 사나 죽으나 주의 것이로다"(롬 14:8)라고 말했던 것이다. 이것은 그 본질상 하나의 '권리'나 '지위'가 아니라, 교회가 그리스도 안에서 성령으로 실현된 새로운 현실과 새로운 삶의 차원을 나타내도록 부름 받은 것을 말한다.

엄밀히 말하면, 나는 이제까지 남들이 하지 않은 말을 한 것은 전혀없다. 새로운 것이 있다면, (이 점이 매우 중요한데) 교회의 본질과 소명을 표출하는 일에 평신도층이 완전히, 또 책임 있게 참여해야 한다는 주장과 그들이 반드시 교회론에 포함되어야 한다는 주장이다. 이를 간과하거나 무시하는 교회론은 불완전한 것이다. 이는 모든 역사적인 교회론들이 다 불완전하다는 말과 다름이 없다.

이 주장은 교회 전체의 유익은 물론이고 평신도 계층의 유익을 위해서도 꼭 필요하다. 이 점을 한목소리로 끈질기게 주장하지 않으면 크나큰 위험을 초래할 것이다. 그럴 경우에는 평신도 신학에 관한 모든 담론은, 장기적으로 평신도들이 우리 시대에 기여할 수 있는 것을 그저 임시적으로 논의하는 일에 그칠 것이다. 그러나 오늘날 곤경에 빠진 교회는 평신도의 책임 있는 참여가 절실히 필요한 상황이다. 그런데 대다수의 평신도는 자기들의 진정한 위상에 대해 생각한 적이 없고 또 그런 생각을 하도록 격려 받은 적도 없기 때문에 자기네에게 부여된 '기여하는' 위치에 만족하고 있다.

교회에 관한 거의 모든 강론은 단지 안수 받은 성직자의 위상과 기능을 다루고 있는 실정이다. 따라서 성직자와 평신도의 상호보완적 관계는 아예 도외시되거나 교회관이 너무 세속화되는 경향이 있다. 물론 안수 받은 성직자의 위상과 기능은 나름대로 중요하기 때문에 그것을 다루는 것은 합당하지만, 평신도에 대

해 침묵하는 것은 참으로 일방적인 처사라 아니할 수 없다.[20]

이제까지 평신도 신학의 틀과 기반이 되는 교회론을 잠시 개관했는데, 이는 물론 아주 불완전한 시도이다. 겨우 몇 가지 필수 요소만 다루었을 뿐이다. 교회의 본질을 이야기할 때에는 보통 교회의 표지들, 즉 교회의 하나 됨, 거룩성, 보편성, 사도성, 말씀(the Word)과 성례 등을 논의한다. 이 가운데 말씀과 성례가 중심을 차지한다고 보는 내 입장은 이미 앞장에서 분명히 밝혔다. 하나 됨 등과 같은 다른 표지에 대해서는 사람들이 중요한 신학적 성찰의 기회를 제공하지만 내가 교회의 ('표지'라는 말보다) "적절한 존재 이유와 방식"이라고 부르는 것으로 이어지는 경우는 매우 드물다. 이는 선교와 디아코니아를 일컫는다. 세상을 향한 하나님의 손길은 그리스도 안에서 혈과 육이 되었다. 그리고 이것은 교회를 통해 그리고 교회 안에서 명백해졌기 때문에, 교회의 타당한 존재 이유와 방식은 바로 선교와 섬김에 있다고 할 수 있다.

이 존재 이유와 방식은 그리스도의 사도직과 섬김의 직분을 반영하기 때문에 모든 교회론에서 양도 불가능한 기본적인 자리를 차지해야 한다. 그리고 교회가 그 자연스런 파트너이자 상대편인 세상을 만난다는 관점에서 보면, 평신도층이 교회의 일부로서 차지하는 필수불가결한 위치와 책임은 비록 자주 잊어버리지만 총체적인 교회론의 한 측면으로 부상하게 된다. 따라서 '신앙과 직제'에 관한 에큐메니컬 담론이 새로운 그리스도 중심적이고 성령 중심적인 교회 개념을 정립하려고 할 때, 교회의 '존재 이유와 방식'을 진지하게 고려하고, 하나님의 백성의 일부로서 평신도층이 차지하는 유기적 위치를 명시적으로 규정하기를 간절히 바라는 바이다. 슐링크(E. Schlink)는 "케리그마와 도그마"(Kerygma und Dogma, 1957)란 글에서 이 점을 명쾌하게 말한다. "교회는 하나님의 백성으로서 그리스도를 통해 세상으로부터 부름 받은 공동체다. 그리고 교회는 선지자적·제사장적·왕적 백성으로서 그리스도에 의해 세상 속으로 보냄 받은 공동체다."

이런 일이 만일 일어나지 않는다면, 교회의 선교적 성격과 사역적 특성에 관한 모든 담론은 기존의 여러 교회론에 근본적인 변화를 일으킬 수 없는 그저 흥미로운 논의 정도로 취급될 것이다. 게다가 교회가 스스로를 혁신하고 새롭게 이해할 수 있는 절호의 기회를 놓치고 말 것이다. 교회를 예배와 설교와 성례의 기관으로만 지나치게 강조하는 오늘날의 풍조가 교회의 존재 이유이자 방식인 선교와 섬김에 의해 수정되는 일도 일어나지 않고, 방향전환도 이뤄지지 않을 것이다.

나는 지금까지 '온 몸'이란 용어를 자주 사용했지만 '그리스도의 몸'이란 말은 일부러 피했다. 이 이미지가 신약성경에 두드러지게 나타나는 것은 사실이다. 게다가 요즈음의 에큐메니컬 논의에서 그것이 지나치게 지배적인 자리를 차지하고 있고 심지어는 유일한 이미지로 자리 잡고 있는 형편이다.[21] 하지만 이것이 진실과 얼마나 동떨어져 있는지는 폴 미니어가 WCC를 위해 준비한 흥미로운 자료에서 명백히 드러난다. 그는 신약성경이 교회에 관해 말할 때 80개가 넘는 용어를 사용하고 있다는 사실을 발견했으며, 그 용어들을 20가지 범주로 나누었다. 그는 이처럼 풍부한 어휘는 어느 한 용어(예: 그리스도의 몸)를 고정된 출발점이나 모든 사유의 중심점으로 선택하는 것이 위험하다는 것을 시사한다고 결론 내린다. 그 모든 이미지가 상호관계를 맺고 있는 경우가 많다는 뜻이다. 미니어의 자료가 입증하는 바는, 그 풍부한 이미지와 용어들이 그리스도와 성령이 창조하신, '새로운 인류와 구속된 사회의 신비로운 실체'에 대한 새로운 탐구를 불러일으켜야 한다는 것이다. 우리의 진술은 불완전한 것이 틀림없다. 하지만 이것은 평신도들이 선두에 선 교회와 세상의 관계에 초점을 맞추고 있다.

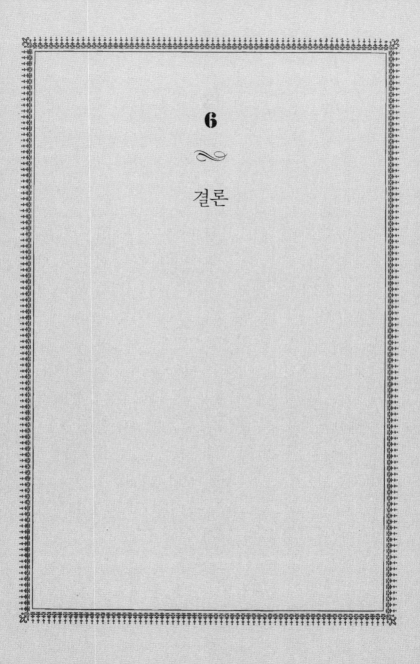

6

결론

❖

　평신도층 내지는 '평신도'란 단어에 누구나 동의할 만한 정의를 찾으려는 노력은 이제껏 없었다. 우리의 목적상 이 단어는 안수 받은 성직자층에 속하지 않는 대다수의 교인들을 일컫는 것이 분명하다(이는 부정적인 뉘앙스를 풍기기 때문에 늘 불만족스럽다). 여기에는 요즘 새롭게 부상하는 평신도 남녀, 즉 대다수의 평신도들이 생계를 위해 일하는 이 세상의 딜레마를 거의 경험하지 않은 채, 격리된 '교회의 세계'에서 움직이는 위장된 성직자 내지는 성직자화된 평신도들도 포함된다. 나는 (교회의 조직과 다양한 기독교 기관이 커질수록 더 늘어나는) '성직자화된 평신도들'의 위험을 충분히 인식하는 가운에 일부러 그들을 거기에 포함시켰다. (1948년 암스테르담 대회 이래) 지난 십 년 동안 많은 사람이 평신도의 결정적 역할은 이른바 교회-세상의 관계의 영역에서 수행된다는 것을 거듭 역설했다.[1]

　그런데 만일 '성직자화된 평신도들'을 제외하고 그들을 애매한

제3의 '부류'로 분류한다면, '평신도 신학'을 정립하려는 의도가 좌절되고 말 것이다. 그들은 평신도층이나 안수 받은 집단 중 하나에 속해야 한다. 일상 세계의 현실에서 동떨어진, 별도의 영역을 지닌 격리된 '교회의 세계'가 존재한다는 것은 참으로 통탄할 사실이다. 이처럼 부자연스러운 격리상태(즉, 교회의 본질 및 소명과 상반되는 것)를 돌파하는 것이 '평신도 신학'이 낳을 열매 중 하나이다.

그런데 이 격리된 '교회의 세계'가 정신적으로 매우 세속화되어 있다는 사실을 주목해야 한다. 자기 직업을 갖고 있거나 주로 교회에서 봉사하는 남녀의 집단이란 의미의 '성직자화된 평신도들'은 평신도의 위상과 책임을 토대로 삼아 그런 사실을 맨 먼저 인식하고 ('교회의 세계'가 몸담은) '신성한 것'과 '세속적인 것'의 부자연스럽고 그릇된 동맹관계를 폭로하는 데 앞장서야 한다.[2] '교회의 세계'는 실로 역설적인 상황에 처해 있다. 한편으로는 스스로를 잠재적인 세속화에서 깨끗하게 보존해야 하고, 다른 한편으로는 세상의 관심사와 문제점에 대해 열려 있는 등, 참으로 세상적이 되어야 하기 때문이다. 달리 말하면, 비(非)세상적이 되는 동시에 세상적이 되어야 한다는 뜻이다. '성직자화된 평신도 그룹'은 이 면에서 중대한 역할을 수행해야 한다는 것을 알아야 한다.

평신도의 고유한 사역

이 그룹이 그 속에 내재된 위험을 극복하려면 평신도층과 '평신도 신학'의 범위에 완전히 포함되어야 한다. 왜냐하면 이른바 '평신도 신학'이 만일 평신도층이 교회의 본질과 소명에 내재되어 있듯이, 교회의 진정한 구성요소임을 보여주지 못한다면 단지 흥미로운 신학적 놀이에 불과할 것이기 때문이다.

앞에서 여러 번 강조했듯이, 평신도 계층은 그 위상과 책임과 사역의 면에서 성직자 계층의 그것만큼이나 교회의 본질적인 부분이다. 그러므로 평신도들에게 친절을 베풀어 교회를 도와달라고 부탁해서는 결코 안 된다(아무도 성직자에게는 이런 식으로 말하지 않는다). 오히려 교회의 본질과 소명에 입각하여, 증언과 섬김을 위해 세상에 보내진 '하나님의 백성'이라는 그들의 정체성을 근거 삼아 동역을 요청해야 한다.

평신도는 실로 특이한 입장에 있다. 그들은 일상 세계의 맥락에서 살고 움직이는 가운데 문자 그대로 두 주인을 섬기고 두 세계에 몸담아야 한다('성직자화된 평신도들'도 마찬가지다). 따라서 늘 가장 높은 주인에게 먼저 충성하겠다는 결단을 하며 교회의 구성원으로서 하나님에게 안수 받은 지체임을 확신해야 한다. 이와 같은 평신도의 특이한 입장 때문에 성직자의 주요 사역은 평신도들이 그들의 고유한 사역을 수행하도록 힘을 실어주는 것이다.

이렇게 이해할 때에만 '평신도 신학'이 단순히 일종의 사고전환에 불과한 게 아니라 참으로 중요한 사안임을 알 수 있다.

그러나 '평신도 신학'이 교회의 정체성과 교회의 존재 이유를 충실하게 표현하는 데 필수불가결하다고 할지라도, 여기서 그친다면 불충분할 것이다. 그래서 이 결론부에서는 그것을 뒷받침해 주는 몇 가지 사항과 방향성에 필요한 지침을 살펴보려고 한다. 오늘날 우리 코앞에 벌어지는 상황과 과제는 참으로 난감하다. 우리가 몸담은 세상, 즉 교회가 (하나님께 받은) **그리스도**의 교회가 되어야 할 사명의 수행 장소인 이 세상을 조금이라도 알고 있는 사람은 이 사실을 금방 알아챈다. 우리는 현재 전례가 없는 독특한 상황, 곧 과거에 교회가 공동생활을 개발할 때의 구조와 상황과는 전혀 다른 상황에 몸담고 있기 때문에 종종 일방적인 진술이 불가피하다. 더구나 원칙적으로는 이 일방성을 우려하면 안 된다. 가장 중요한 사안에 대한 일방적인 주장이 없이는 위대하고 새로운 일이 이뤄질 수 없는 법이다.

교회는 늘 전례 없는 도전에 직면하게 마련이지만 균형 잡힌 견해들이 최선의 대책은 아니다. 이런 견해들에도 물론 나름의 중요성과 가치가 있지만 그 성격상 역사적인 세력들이 억제력을 행사하도록 너무나 많은 기회를 제공해준다. 인간적으로 말하면 선지자들도 분명 매우 일방적이었지만, 그것은 하나님의 명령에 대한 순종의 성격을 띤 것이었다. 오늘날 교회에 필요하고 또 교회가 열심히 기도해야 할 것이 바로 이런 선지자적 일방성이다.

이미 고찰했듯이, '평신도 신학'에는 두 가지 면을 지향하는 중요한 결론이 내포되어 있다. 이 두 가지 면은 교회와 세상 모두에서 평신도가 차지하는 위상과 책임과 기여 때문에 철저히 재고되어야 한다. 특히 역사적 영향을 크게 받는 교회와 같은 공동체는 더욱 그러하다. 물론 '평신도 신학'이란 것은 우리 시대처럼 변화무쌍한 전환기에 타당하고 필요할 뿐 아니라, 모든 시대에 영구적으로 타당한 것이다. 말하자면, 교회에 평신도층이 절실히 필요한 혼동의 시대와 평신도가 필요없는 것처럼 보이는 안정된 시대를 막론하고 그 신학이 타당하다는 뜻이다. 우리가 주저 없이 결론을 내려야 할 두 가지 면은 다음과 같다.

1. 교회의 구조에 개편이 필요하다. 교회는 과거의 유산인 만큼 사회학이 말하는 기관의 영속성의 법칙에 따라 여러 면에서 변화가 더딘 편이다. 그래서 우리는 변화에 저항하는 내적 힘을 잘 인식해야 한다. 이런 힘은 악하진 않아도 맹목적이고 종종 과거의 제도와 태도를 신성시하는 부정적인 경향이 있다. 네덜란드 잡지 *Wending*(벤딩)(H. J. Hoekendijk)는 이런 말을 했다. "프랑스의 개혁교회가 최근 총회에서 열린 세 차례의 긴 연속 회의에서 성찬식의 변경을 제안했으나, 단 하루아침에 구조의 개혁을 피상적으로 논의한 것밖에 남은 것이 없었다."

이는 폭넓은 변화에 대한 내적 저항이 얼마나 강한지, 그런 변화를 진지하고 두려움 없이 직면하는 것조차 얼마나 힘든지를 보여주는 생생한 실례이다. 그렇기 때문에 그런 변화를 일방적으로 호소하는 일이 반드시 필요하다. 비교적 고립되어 있는 '교회의 세계'를 그냥 내버려둘 수는 없다.

평신도의 거침없는 대화

2. 평신도의 특징은 세상 속에 있다는 것, 세상의 수많은 기관과 기업, 관계, 직업 속에 널리 흩어져 있다는 점이다. 평신도들이 점유하는 '삶의 자리'가 있는데, 그곳은 바로 교회의 평신도로서 살며 일하는 영역이다. 교회가 한동안 세상에서 물러났다가 이제는 다시 세상과 만나야 한다는 취지로 오랫동안 많은 논의가 있어왔다.

그 결과 개별적인 교회들뿐만 아니라 에큐메니컬 단체들도 삶의 모든 영역에 걸쳐 당대의 큰 주제들에 관해 많은 성명과 목회적 메시지를 발표했다. 훌륭한 성명을 다수 포함한 그 성명들을 통해 많은 교회는 교인들과 세상과 권력층을 상대로 가르쳐야 할 책임을 다시금 수행했다. 때로는 선지자적 직분도 회복했다. '때로는'이라고 말한 것은 모든 가르침이 선지자적 성격을 지닌 건 아니기 때문이다.

이것은 일종의 세상과의 만남 내지는 대화이다. 이런 사역이 성령의 인도를 받도록 온 교회가 기도로 지원할 필요가 있다. 그래야만 교회가 세상에 군림하기 위해서가 아니라 세상을 섬기기 위해 오신 그분의 이름으로 명료하게, 겸손하게, 적절하게 말할 수 있을 것이기 때문이다. 세상에 널리 흩어진 교회의 평신도들이 그들의 소명에 걸맞은 존재가 된다면, 그들을 통해 교회와 세상 간의 거침없는 대화가 가능해질 것이다. 그들이야말로 날마다 세상의 눈에 비치는 교회이다. 그들은 실로 교회와 세상의 만남을 반영하는 실체이다.

이 점을 말하는 지금 이 순간 나는 앞으로 도달해야 할 현실과 우리가 경험하는 현실 사이에 현저한 차이가 있다는 것을 인식하고 있다. 그러므로 이는 교회와 평신도들에게 근본적인 변화가 필요하다는 것을 가리킨다. 오늘날은 교회가 이 점을 파악하고 그에 따라 평신도들을 지도하기만 하면 되는 그런 상황이 아니다. 요즘의 평신도들이 마치 결단력과 분별력을 겸비한 채 행진 명령만 기다리고 있는 것처럼 생각하면 안 된다. 누구나 알다시피 그런 상황과는 거리가 멀다.

이미 언급했듯이, 지금은 아주 난감한 상황이다. 이것은 현재 교회 앞에 놓인 최대 이슈이다. 어떻게 하면 평신도들을 통해 날마다 세상과 만나고 또 대화하는 그런 교회가 될 수 있을까? 평신도들이 아주 뛰어나서가 아니다. 이것이 평신도들이 **그리스도**

인으로서 존재하는 이유이기 때문이다. 이들이야말로 하나님의 구속의 능력이 생생하게 살아 있고, 온 세상이 무의식적으로 열망하는 (때로는 무력으로 쟁취하려고 하는) 존재 질서, 곧 하나님 나라에 대한 기대가 배어 있는 실체이기 때문이다.

그런데 다시 말하지만, 이것이 설사 더 나은 내세의 삶에 대한 헛된 약속으로 견딜 수 없는 현실을 부정하게 하는 것은 아닐지라도, 유치한 환상 내지는 그림의 떡과 같이 보일 것임을 우리도 알고 있다. 그렇지만 교회의 본질과 소명, 그에 따른 평신도의 본질과 소명에 관해 이제까지 말한 내용은, 그리스도인이 신앙을 제대로 알고 있다면, 반드시 삶의 기준으로 삼아야 할 신앙이다. 이는 '행하든지 죽든지' 해야 하는 양자택일의 문제이다. 우리는 "하나님이 주신 특권과 소명에 따라 행동하든지", 아니면 스스로 불신자라고 고백해야 한다.

왜 그것은 일종의 망상처럼 보일까? 그 이유는 현존하는 교회와 평신도들 안에 있다. 참된 교회-세상의 관계가 얼마나 중대한 문제인지를 생각할 때, 우리는 교회와 평신도층의 재(再)회심 내지는 재(再)기독교화에 대해 뜨겁게 논하지 않는 한, 잉글랜드나 네덜란드나 뉴욕의 재회심 내지는 재기독교화를 말하는 것을 중단해야 한다.[3] 사실 평신도들이 복음전도의 증인과 신실한 '종'이 되어줄 것을 잔뜩 기대하고 있는 현실을 생각하면 더욱 그러하다.

우리는 진정한 회개의 정신과 겸손한 태도로 이를 시인하지 않으면 안 된다. 회개와 겸손이야말로 참된 새 출발에 필요한 일차적인 조건이고, 비록 연약하고 불완전할지언정 망상처럼 보이는 것에 걸맞게 살 수 있는 믿음의 모험에 꼭 필요한 것이기 때문이다. 이렇게 묘사하는 이유는, 그것이 먼저 비전으로 충만한 담대한 프로그램을 만드는 문제라는 인상을 주지 않기 위해서다. 물론 교회 자체와 평신도층을 근본적으로 개조하는 프로그램도 필요하지만 말이다.

그러나 회개와 겸손이 먼저 있어야 하고, 이 둘이 개조작업을 수반해야 한다. 만일 후자를 목표로 삼으면 영적 질서를 뒤집는 셈이라서 파탄으로 끝날 것이다. 우리가 늘 기억해야 하는 것이 있다. 이스라엘은 그 본질적인 특성뿐 아니라, 자신의 소명을 거듭해서 잘못 해석하고 신실하지 못했던 면에서도 교회의 예표라는 점이다.

세상 속의 평신도가 최전선에 있는 것이라면, 교회와 세상 간의 대화는 중요한 사건이 아닐 수 없고, 평신도들은 그리스도가 다스리는 영역과 규모를 새롭게 이해하고 새로운 준비를 갖출 필요가 있다. 이것은 또한 수많은 교인에게도 해당된다. 이들은 교회에서 전파하는 복음을 듣고 암묵적으로 그것을 수용하고 또 의식을 준수하지만, 기독교 신앙이 왜 세상에 적실한지에 대해선 무지하기 때문이다. 그들은, T S 엘리엇의 *The Idea of a*

Christian Society(기독교 사회의 이념)에 나오는 문구를 빌리자면, "무인지대에 살고 있는" 그리스도인도 비그리스도인도 아닌 많은 사람과 같다. 여기서 대화라는 단어가 매우 적절하다. 대화란 상호교환, 상호간의 의사소통을 일컫는다. 이는 주고받는 것을 의미한다. 현 세상은 기독교적 인간관, 인생관, 세계관에서 동떨어져 있기 때문에 오히려 우리에게 가르쳐줄 것이 많다. 세상은 새로운 것을 발견하려는 탐구 정신을 갖고 있고, 무질서 중에도 더 나은 인생을 만들 위대한 계획을 개발하는 창의성을 지니고 있으며, 동료 인간들을 위해 다양한 인도주의적 책임을 표현한다. 그리하여 우리가 기독교 메시지를 재해석하고 겸손한 자세로 어둠의 자식들이 종종 빛의 자식들보다 더 지혜롭다는 교훈을 배우게 한다. 그러므로 대화에 참여하는 평신도는 우월한 척하면 안 된다. 기독교가 (인류가 공유하는) 모든 문제를 해결해주거나 전반적인 사회개혁을 보장해주는 것처럼 주장해서도 안 되며, 오히려 소박한 자세로 그들 자신과 세상이 옳은 질문을 제기하도록 돕는 빛과 소금의 역할을 해야 한다.

세상과 대화를 한다는 것, 교회를 대표하는 존재로 세상에 흩어져 있다는 것은 무엇보다도 행위(doing)의 문제가 아니라 존재(being)의 문제이다. 그렇다고 해서 행위가 중요하지 않다는 뜻은 아니다. 전혀 그렇지 않다. 행위는 대단히 중요하고 행위의 종류와 정신 또한 중요하다. 그러나 존재가 우선한다. 이는 인위적인 양자택일을 제안하는 게 아니라 첫째 것은 첫째가 되어야 한다는 금언을 고수하는 것이다.

우리에게 올바른 방향감각을 제공하는 놀라운 말씀은 고린도전서 15장 58절이다. "그러므로 내 사랑하는 형제들아 견실하며 흔들리지 말고 항상 주의 일에 더욱 힘쓰는 자들이 되라 이는 너희 수고가 주 안에서 헛되지 않은 줄 앎이라." 이 구절은 '그러므로'라는 단어로 시작한다. 따라서 우리는 '왜 그런가?' 하고 묻게 된다. '그러므로'는 이미 승리를 보장해준 '우리 주 예수 그리스도'의 부활을 가리킨다. 그런즉 그리스도 안에서 하는 수고는 결코 '헛되지' 않기 때문에 그리스도인은 주를 섬기는 일에 힘쓸 수 있고 또 힘써야 하는 것이다. 주님과 그분의 승리 안에 있는 것이 우선적이다. 그 자연스런 열매가 많은 수고인데, 이는 **우리**의 승리를 위해서가 아니라 타인을 섬김으로써 주님을 섬긴다는 방향감각의 표현이다.

그러므로 그리스도인들은 그들 자신을 세상의 구원자로 내세울 수 없다. 그들은 구세주이자 구속주인 분의 종들일 뿐이다.

만일 누가 오늘날처럼 경제와 권력정치의 노예상태에 빠진 세상에서 과연 그리스도인이 그리스도인답게 사는 일이 가능한지 묻는다면, 일부 그리스도인들은 하나님의 은혜로 그렇게 살 수 있다고 대답할 것이다. 그런데 우리는 이 대답으로 만족할 수 없다. 우리가 현재 다루는 주제는 그보다 더 어려운 것이다. 어떻게 하면 평신도 계층이 오늘의 세상에서 그리스도인 평신도답게 살며 그 소명을 성취할 수 있도록 그들을 섬길 수 있을까 하는 것이다. 이 문제를 우리가 이처럼 단호하게 표현하지 않는다면, 세상과 나누는 대화에서 평신도의 구체적이고 결정적인 역할에 관한 모든 담론은 헛소리에 불과할 것이다.

다른 한편, 교회의 유기적 일부이자 세상에서 교회를 대표하는 자들인 평신도층은 교회의 도움이 필요하다. 이는 세상은 지옥에 가도록 내버려두는 피난처로서의 교회(이는 대부분 도피주의에 해당한다)가 아니라 기도와 성례와 참된 교제(코이노니아)로 전투하는 교인들을 지탱해주는 유모와 같은 공동체로서의 교회를 말한다.

이렇게 말하고 보니 우리는 또 다른 난감한 문제에 봉착한다. 왜냐하면 오늘날의 교회는 평신도들이 세상에서 겪는 어려운 문제들을 잘 알고 있어서 양육과 지도와 책망과 이해를 제공하는 어머니의 자격이 있다고 결코 주장할 수 없기 때문이다. 예수 그리스도께 순종하는 마음으로 성실하게 전쟁을 치르고 있는 많은 평신도들은 교회가 그들을 홀로 내버려둘 뿐 아니라, 오히려 그들이 교회에 잘 나타나지 않는다는 이유로 무익하고 신실치 못한 교인으로 취급하는 것을 경험했다. 또 하나의 문제는 '닫힌 교회'를 열린 교회로 둔갑시키는 일이 불가능한 것처럼 보인다는 점이다. 이는 교회의 중심에서 집행하던, 그리스도와 함께 그리고 서로서로 나누던 거룩한 식사를 세상의 길거리와 샛길로 곧장 가져가는 것을 말한다. 경건주의 운동을 대표하는 블룸하르트(Blumhardt) 장로의 말에 따르면, 모든 그리스도인은 두 번 회심할 필요가 있다. 첫째는 그리스도로 향하는 회심이고, 둘째는 세상으로 향하는 회심이다. 이 말은 여전히 이 문제가 얼마나 단순하면서도 심오한 것인지를 보게 해준다.

이런 질문을 던지고 보니, 다시 교회의 구조 개편이란 주제로 되돌아가게 된다. 이는 역사의 짐을 벗어버리는 문제이기 때문에 실로 어마어마한 사안이다.

동결된 교회 자산

제도적인 교회에 대한 모든 비판과 실망에도 불구하고 아직도 그 속에 많은 능력과 가능성이 있다는 것을 결코 잊으면 안 된다. 비록 동결된 자산의 형태로 존재하지만 말이다. 이 말이 사실임은 우리가 언급한 많은 갱신과 개혁의 징조들이 입증한다. 때로는 그런 징조를 완고한 제도 교회에서 억지로 끌어냈고, 때로는 그것이 이해와 지지를 얻기도 한다. 그러나 후자의 경우라도 '평신도 신학'의 전제와 결과에 내재되어 있는 교회의 구조 개편과는 거리가 멀다. 때로는 완고함이나 지지와 상관없이 온갖 혁신적인 아이디어가 튀어나와 전염병과 같은 영향을 주기도 한다.

종종 성직자들이 주도하거나 지지하는 온갖 평신도 운동과 실험은 개척적인 선구자들이다. 이런 운동이 교회 내부보다 밖에서 일어나는 경우가 더 많다. 어떤 평신도 운동들은 교회 전체가 질서정연하다는 가정 하에 교인의 증가를 목표로 삼는 바람에 그 문제를 단순화하고 또 왜곡한다. 비록 명시적으로 말하진 않지만, 그들은 세상을 교회로 만드는 것이 곧 세상의 구원이라는 무언의 전제로 그들의 프로그램을 시행한다. 그 결과 그들도 모르는 사이에 교회와 세상 모두 아무런 변화 없이 그대로 남게 된다.

그러나 교회가 세상을 향한 선교의 소명과 사역의 소명에 대해 진지해지는 순간, 한 가지 점이 명백해진다. 그것은 두 가지 어려운 길을 걸어야 한다는 점이다. 첫째는 오늘의 세상에 대한 빈약한 지식과 세상에서 일어나는 일을 무시하는 태도를 극복하는 길이다. 둘째는 새로운 활력을 허용하지 않는 기존의 정신과 분위기와 물려받은 구조를 개혁하는 길이다.

교회의 구조개편이 구체적으로 무슨 뜻인지를 자세히 논의하는 일은 불가능하다. 그것은 물려받은 구조와 환경에 따라 다를 수밖에 없다. 여러 곳에서 이미 일어나고 있는 현상에 대해 감사하는 마음을 가짐과 더불어 거듭해서 할 말은, 교회의 구조에 대한 정밀조사와 개편이 교회의 갱신을 위해 가장 시급한 과제 중 하나라는 것이다. 이것을 귀찮을 정도로 거듭 말해야 하는 이유는 제도로서의 교회야말로 가장 깨뜨리기 어려운 견과류에 속

하기 때문이다. 세상의 제도와 종교적 제도 모두 그렇듯이, 교회
역시 그 제도적인 면은 가장 완고한 편에 속한다. 여러 면에서
교회는 스스로를 신성시했기 때문에 다른 어떤 기관보다 더 변
화를 싫어한다.

어떤 새로운 방법이 있을까?

교회의 자기개조를 위한 지침은 다음과 같다.

첫째, 교회는 (지금은 별로 명백하지 않은) 그리스도가 지배하는 '형
제들의 단체'라는 사실을 새로운 유형의 교제와 공동체를 통해
어떤 방식으로 표현할 수 있을까? 이렇게 할 수만 있다면 모든
복음전도 캠페인을 다 합친 것보다 더 큰 전도 효과가 있을 것이
다. 그것은 복음전도의 진정성을 보여주게 될 것이다.

우리가 자주 거론하는 사회학적 감금상태를 어떻게 타개할
것인가? 소위 '아름다운 봉사'라는 것이 결국 강장제가 아닌 마
약과 같은 역할을 하는 걸 경험하는 것은 실로 괴로운 일이다.
위컴(E. R. Wickham)의 책 *Church and People in an Industrial
City*(산업사회에서의 교회와 민중, 1957)는 문제의 정곡을 찌를 뿐만 아
니라 현대사회의 불가피한 탈기독교화의 원인들, 그에 대처하지
못하는 교회의 무능력을 새롭게 이해하는 법과 교회의 새로운
자기이해에 이르는 법을 잘 보여주고 있다.

둘째, 어떻게 하면 평신도들이 예배(의식과 설교)와 가르치는 사역과 교회의 '지도사역'에 더 많이 참여할 기회를 얻을 수 있을까? 그렇게 하려면 현재 활용되지 않고 있는 다양한 은사를 늘 의식해야 할 것이다.

셋째, 오늘날과 같이 사회적 유동성과 변동이 심한 시대에는 큰 융통성을 발휘하여 교회를 분산할 필요가 있다. 교회는 세상에서 사도적인 증언과 사역을 수행해야 하는 만큼 사회학적 연구가 제공하는 주변 환경에 대한 지식과 통찰이 반드시 필요하다. 세속주의라고 불리는 것은 일종의 배교일 뿐만 아니라(대다수는 신앙을 가진 적이 없기 때문에 배교가 무엇인지도 모른다) 인간의 문제를 해결하기 위해 인간의 자원을 사용한다는 하나의 합법적인 주장이기도 하다. 현대사회의 뚜렷한 특징은 고독과 대중화 현상이다. 이 둘은 서로 결부되어 있다. 따라서 어쩔 수 없이 허무주의와 내면의 공허감과 방향감각의 상실을 초래할 수밖에 없다. 이런 뿌리 깊은 질병에 대한 직접적인 접근은 별로 효과가 없다. 현대사회의 탈종교화 현상은 깊고도 기나긴 역사적 원인들로 말미암은 것이기 때문이다.

간접 접근은 광야와 같은 현대인의 삶 한복판에 서로를 세워주고 증언과 섬김을 실천하는 진정한 공동체를 건설하는 일이다. 이런 공동체는 새로운 기독교적 풍조를 드러내기 때문이다. 탈기독교화된 환경을 다시 전환한다거나 다시 기독교화한다는 말은 무언가 굉장한 작업을 하는 것 같은 느낌을 준다.

　　그러나 섬김의 사역으로 부름 받은 교회 공동체의 길은 결코 화려하지 않다. 형제애의 '첫 열매들', 가정교회, 준(準)지역교회, 수련단체(세상에서 물러나기 위해서가 아니라 세상 속으로 들어가기 위한 것) 등은 더 이상 교회와 나란히 존재해서는 안 된다. 이런 공동체는 사실상 교회의 사역을 수행하는 것으로, 그리고 그 자체를 제도 교회로 인정해야 한다. 이 모든 개척 운동들은 그것을 주도한 인물들의 독창력에만 맡겨두면 안 되고, 그런 방향으로 나가는 것이 또한 교회의 관심사가 되어야 한다. 그 운동들이야말로 교회의 존재 이유를 상기하기 때문이다.

　　교회의 목표는 세상을 정복하는 게 아니라 세상에 침투하는 것인즉, 세상과 소통하는 일이 필요하다. 제도 교회가 그 흐름에 합류하는 길은 도시 교회와 농촌 교회를 막론하고 지역 회중에게 한 가지 간단한 질문으로 끊임없이 도전하는 것이다. 그리스도가 지배하는 형제관계가 된다는 것은 무엇을 의미하는가? 이는 정해진 시간에 정해진 활동을 하려고 사람들을 다함께 모으는 장소가 된다는 뜻이 아니다. 오히려 각 사람이 고린도전서 12장에 나오는 것처럼 자기의 위치를 발견하는 곳, 우리의 구속자이자 화해자인 살아 계신 그리스도께서 구속 받은 백성을 통해 세상을 섬기려고 세상에 들어오길 원한다는 사실을 인정하는 곳이다. 세상은 구속(救贖)을 보고 싶어 하기 때문이다. 단지 구원에 대한 이야기만 듣는 데에는 관심이 없다.

이런 탐색적인 질문에 비춰보면, 교회일치의 문제는 즉시 뜨거운 이슈로 떠오른다. 이론적인 이유 때문이 아니라 그리스도가 지배하는 형제관계가 된다는 것이 우리를 하나로 묶어주지 않는다면, 비합법적이고 위선적인 행태를 낳게 되기 때문이다. 한 지역에 그리스도가 지배하는 공동체가 하나 이상 있을 수 없는 법이다. 물론 그것이 많은 그룹으로 활동할 수는 있지만 말이다. 우리를 지배하는 주님은 한 분이라 결코 나뉠 수 없기 때문이다.

현재 WCC와 그 기관들을 통하여 교회의 갱신을 지향하는 많은 활동들이 서로 소통할 수 있는 길이 열린 것은 하나의 축복이다. 이 협의회는 가장 어려운 거점이라 할 수 있는 제도적인 교회에 갈수록 더 많은 자극과 압력을 가하고 있다. 그런데 교회를 그리스도 중심적이고 그리스도 지배적인 형제관계로 회복하는 큰 발걸음은, 바로 평신도 계층이 교회의 존재양태를 표현하는 데 본질적인 일부임을 인정하는 것이다. 또 교회 내에서는 안수받은 목사든지 아니든지 모두가 사도적이고 사역적인 '직분'을 갖고 있다는 것을 무조건 인정하는 것이다. 교회가 여러 중요한 역사적인 이유들로 인해 카리스마적인 교제에서 제도적인 교회가 되었다는 것이 사실일지라도, 교회는 성령이 활동하는 장(場)인 만큼 그 본질상 언제나 카리스마적인 공동체임을 인정해야 한다. 교회가 하나의 기관으로 존재하는 것은 인간의 필요성 때문이지만 그것이 교회의 본질은 아니다.

우리의 문제는 우리가 정말로 그렇게 믿지 않는다는 점이다. 우리는 은연중에 교회는 하나의 기관이라고 생각하고, 언젠가(이른바 '이상적인' 초기 시절에) 카리스마적인 공동체였던 적이 있고, 지금도 가끔 그런 성격을 보일 때가 있다고 여긴다. 사실 교회는 '종파들'이 이런 '이상적인 환상'을 품도록 내버려두고 있다. 우리가 종파들에 대해 그들의 일반적인 행태를 지적하고 '교회는 카리스마적인 형제관계'라는 성경적 의미를 잘못 해석하는 것을 비판하는 것은 정당하지만, 실은 종파들의 교회관이 옳다. 교회가 카리스마적인 성격을 갖고 있다는 것은 그저 스쳐가는 과정이 아니라 하나의 기본적인 사실이며, 이는 깊이 확신해야 할 사항이다.

그렇다고 해서 교회가 언제나 고린도전서 12-14장에 나오는 성령의 은사들이 다분한 인상적인 현상으로 가득차야 한다는 뜻은 아니다. 하지만 교회는 의식적으로 제도적인 성격보다 카리스마적인 성격을 더 우위에 두어야 한다. 그렇지 않으면 무심코 성령이 바로 교회의 생명력이라는 사실을 부인하게 된다. 고린도전서 12장이 교회의 카리스마적인 성격을 아주 명백히 묘사한다는 것, 즉 그 안에서 모든 구성원이 나름의 자리와 몫을 발견하고 자연스럽게 그 카리스마적인 직분들의 목록에 "서로 돕는 것과 다스리는 것"(28절)을 포함시키고 있다는 사실은 주목할 만하다.

평신도는 흩어진 교회다

끝으로 우리는, 성직자와 달리 평신도들이 세상에 살면서 결정적인 역할을 하는 만큼 다시 교회와 세상의 관계로 되돌아가야 한다. 우리가 이 책에서 줄곧 주장했듯이 평신도의 중요성이 세상 속에 흩어진 교회라는 점에 있다면, 교회의 존재와 소명은 서로 상반되는 것들의 하나 됨에 있다고 말하지 않으면 안 된다.

말하자면, 교회는 세상의 정반대편에 있으면서도 무한한 헌신으로 세상에 묶여 있다는 것이다. 우리 주 예수 그리스도는 세상의 화해를 위해 십자가로 향하는 길목에서 빌라도에게 "내 나라는 이 세상에 속한 것이 아니니라"(요 18:36)고 말씀하셨다. 교회와 세상의 관계는 성경 특유의 인격적·관계적·종교적인 사유의 맥락에서 생각해야 한다. 하나님, 그리스도, 성령은 '성-속' 혹은 '영적인 것-현세적인 것'의 범주와 같이 신성한 영역이 아니라 '그대의 것'이고 '나의 것'이다. 그리스도인의 삶의 핵심은 살아 계신 주 예수 그리스도께 최우선적인 충성심을 바친다는 데 있다. 바로 이 충성심 때문에 그리스도인은 세상의 필요와 염려와 승리 등 여러 면에서 세상을 섬기기로 헌신하는 것이다.

성경의 증언을 고찰하면 교회와 세상의 관계를 단순하게 묘사하기가 불가능한 듯이 보인다. 구약성경은 매우 긍정적인 어조로 말한다. 세계는 하나님의 창조물이고, 아담을 통해 하나님과 인류 사이에 단절이 있은 후에도 여전히 그분의 세계와 그분의 관심사로 남아 있다. "땅과 거기에 충만한 것과 세계와 그 가운데에 사는 자들은 다 여호와의 것이로다"(시 24:1). 선지자들의 맹렬한 비난은 모든 생명체에 대한 하나님의 주 되심을 인정하는 가장 강력한 목소리다. 인간은 하나님의 주 되심에 의존해 있어서 그분께 책임이 있지만 비교적 자율적이고 독립적인 것은 "다스리라"는 사명을 받아서 자발적인 순종을 통해 그 궁극적인 의존성과 책임을 표현해야 하기 때문이다.

구약성경에는 신성함과 세속성의 개념들이 있긴 하지만, 이것들은 주 하나님과 (종교적-윤리적 구별인) 순종하거나 불순종하는 사람의 구별에 의해 압도되고 있다. 신약성경을 보면, 특히 요한이 쓴 복음서와 편지들의 경우 강한 부정적인 어조가 담겨 있다 (경건주의적 견해는 이것만을 발전시켰다). 물론 이 경우에도 구약성경이 신약성경의 배경을 이루고 있다는 사실을 염두에 두어야 하지만 말이다. 세상은 세계의 우두머리인 "악한 자의 손 안에" 있다(요일 4:3; 요 15:19, 17:6, 14, 16). 교회는 세상에 속해 있지 않다. 신자들은 "그리스도 안에" 있는 "새로운 피조물"이기 때문이다. 그들은 환난을 받겠지만 결국은 승리하게 되어 있다(요 17:18, 16장; 요일 5:4, 5). 편지에 나오는 권면에는 세상에 "물들지 말라"는 초연한 어조가 들어 있다. 그리스도인은 '순례자'이자 '나그네'이다. 원칙적으로 그들의 본향은 세상에 있지 않다.

그런데 이런 부정적인 어조는 긍정적인 어조와 결합되어 있다. 세계는 하나님의 구속의 드라마가 펼쳐지는 무대이다. 그것은 하나님의 세상이요 관심의 대상이다. 제자들은 세상의 소금과 빛이 되라는 부름을 받았다. 예수께서는 몸소 세상의 신체적인 고통과 영적인 괴로움 속으로 완전히 들어가고 계신다. 그분은 세상을 위해 죽는다. 그분은 인류 역사의 중심이자 세상의 유일한 소망이다. 그분은 세상의 왕이요 심판자이신 하나님과 세상을 화해시키고, 세상을 새롭게 하신다.

이와 같은 교회와 세상의 변증법적 관계, 세상에 대한 반립관계와 온전한 헌신의 극적인 조합이 **원칙적으로** 진정한 그림을 제공해준다. 원칙적이란 말을 쓰는 이유는 역사상 존재하는 교회가 '악한 자의 손 안에' 있다는 의미에서 '세상'에 속한 적이 종종 있었기 때문이다. 이는 성경적인 범주에 따르면 교회를 결코 "신성한 것"이란 말로 표현할 수 없다는 것을 시사한다.[4] 고난 받는 종인 그리스도 안에서 교회는 신성한 영역이 아니라 용서 받은 죄인들의 세계이자 세상을 섬기러 온 그분의 종들의 세계이다.

세상에 대한 반립관계와 세상과의 자발적인 연대관계, 이 둘의 극적 조합은 세상에서 그리스도의 신비를 나타내기 위한 교회의 신적 본질과 소명에 속하는 것이다. 그리스도가 세상과 맺은 특별한 연대관계는 흔히 나누는 성-속, 영적인 것-현세적인 것의 범주를 꿰뚫고 독특한 교회와 세상의 관계를 가리킨다. 성-속의 범주는 본래 이교적인 것으로서 경외심을 불러일으키는 위험한 실체의 영역과 그런 것이 없는 세속적 영역을 가리킨다. 교회 역사를 보면 성-속 혹은 영적인 것-현세적인 것의 범주들이 신성한(영적인) 영역이 세속적인 영역을 지배하는 힘이 있다는 것을 표현하는 역할을 했다.

하지만 교회와 세상의 관계에서 교회는 세상에 대해 섬김과 증언의 관계를 맺고 있다. 이는 교회의 머리요 사도요 섬기는 자이신 그리스도와 세상의 관계를 반영하는 것이다. 교회와 세상은 모두 하나님의 것이지만 각각 다른 의미에서 그러하다. 교회는 "값을 주고 산 소유"(엡 1:14; 히 9:15; 행 20:28)이자 '하나님 나라의 보증'으로서 하나님의 것이다. 세상은 하나님의 창조물, 하나님과 더불어 창조세계를 다스리는 사람의 일터, 하나님의 뜻이 이루어지는 영역(마 6:10)으로서 하나님의 것이다.

평신도 신학의 배경으로 우리가 반드시 개발해야 할 것이 있다. 그것은 교회와 평신도층을 위해 세상의 여러 실체와 영역에 대해 다양한 신학을 개발하는 일이다.[5] 최근에 사회의 신학, 일의 신학, 공동생활의 신학, 돈의 신학, 소유의 신학 등 여러 신학의 필요성이 제기되었다. 여기서 중요한 점은 오늘날의 교회가 기독교 메시지가 현 세계에 적실한지 여부를 완전히 재고하지 않을 수 없게 되었다는 것이다.

이와 더불어 오늘날에 적실한 새로운 기독교 윤리(개인윤리와 사회윤리)의 필요성도 대두되고 있다. 이는 교회가 세상에 대해 증인과 섬김의 역할을 해야 한다는 것을 중심으로 하는 양자의 관계에서 나오는 것이다. 이것은 섬김을 통한 증언이다. 증언을 통한 섬김이다. 그리고 증언과 섬김은 모두 그리스도의 섬김이다. 이를 포괄적으로 보는 것이 꼭 필요하다. 그 속에 세상에 대한 헌신과 세상으로부터의 독립이 모두 들어 있기 때문이다.

교회는 간섭하는 공동체다

이를 달리 표현하자면, 오늘의 교회는 세상에 말하는 방법과 세상에 간섭하는 방법을 새롭게 배우겠다고 단호히 결단해야 한다. 말하는 새로운 방법이 필요한 이유는, 우리가 몸담은 세속화된 세계는 우리가 그 소리를 귀담아 들을 때에만 말을 걸 수 있는 상대이기 때문이고, 그래야만 진정한 상호간의 의사소통이 가능하기 때문이다.

간섭하는 새로운 방법이 필요한 이유는, 먼저 사람의 삶과 사유를 지배하는 엄청난 권력과 풍조에 비하면 교회는 실로 왜소하기 짝이 없기 때문이다. 예컨대, 미국에서 종교적인 붐이 일고 있어도 이 사실은 조금도 달라지지 않는다. 현대세계는 세속주의의 승리로 교회를 '종교적인' 욕구를 지닌 사람들을 위한 '보호구역'으로 전락시켰고, 교회도 대체로 이런 현상을 받아들였다. 둘째로, 교회가 세상에 간섭하는 새로운 교훈을 배워야 하는 이유는 우리의 세속화된 세상은 교회만큼이나 자기가 어디서 왔는지 스스로를 검사할 필요가 있기 때문이다. 이 면에서 세상을 돕는 일이 교회의 명백한 소명이다. 말하고 간섭하는 새로운 방법은 다름 아니라 앞으로 발견해야 할 새로운 차원에서 적실한 증언과 섬김을 실천하는 것을 의미한다. 그러나 교회의 증언과 섬김은 세상의 방식과 욕망에 적응하는 게 아니라 세상의 진정한 필요와 문제를 밝히 드러내는 것을 뜻한다.

그러므로 이런 말과 간섭, 이 증언과 섬김은 모순적인 것처럼 보이는 방식으로 표출되어야 한다.

소위 '종교적인' 말을 한 마디도 하지 않은 채 수많은 형태로 동료 인간을 이타적으로 섬기는 일, 사람과 공동체를 갈라놓는 심한 갈등 상황에서 화해를 도모하는 일, 끊임없이 세상에 질문을 던지고 세상의 문제들에 대해 올바른 질문을 제기하도록 유도하는 일, 교회도 세상의 질문을 받도록 허용하고 필요할 때에는 그 질문에 반박하는 일, 세상에 모든 사람과 모든 것 위에 드리운 하나님의 심판을 상기시키는 일, 이런 섬김과 화해, 반박과 질문제기 등을 하는 동안 하나님의 사랑이 확실히 승리할 것임을 선언하는 일 등이다.

이 모든 요구는 마치 교회의 본질적인 양상으로 기능하는 평신도를 보유하는 문제가 주로 신학적 훈련과 교육의 사안인 것처럼 들릴지도 모르겠다. 하지만 결코 그렇지 않다. 그렇게 되면 안 된다. 물론 오늘날 교회와 그 구성원들이 새로운 목소리를 내고 새로운 힘과 비전으로 행동하도록 하려면 신학자들과 목사들과 평신도들 사이의 엄청난 협력이 반드시 필요하다. 평신도층을 개조하는 일은 성직자와 신학자를 개조시키는 일을 포함한다.

이 세 부류는 그들의 과업과 소명을 심오하고 혁명적인 단어인 디아코니아의 빛 아래 둘 필요가 있다. 이 단어는 단지 윤리적이고 인도주의적인 범주에 불과하지 않고 복음의 밑바닥에 있는 가장 깊은 종교적 범주이다. 그러나 우리의 목표는 평신도들을 작은 신학자들로 만드는 것이 아니다. 교회의 모든 구성원에게 필요한 것은 신학 훈련과는 다른 그 자신의 필요와 가능성에 따라 영적 깨달음과 지식을 얻는 일이다.

그러나 교회에 속한 우리가 다음과 같은 중요한 질문으로 우리 존재의 뿌리에 붙어 있지 않는다면 이 모든 것은 아무 소용이 없을 것이다. 우리의 증언과 섬김은 진정 우리를 종으로 만들기 위해 우리의 종이 되신 그분을 섬기는 일인가? 그렇다면 교회개혁을 위한 유일한 길로서 모범적인 신적 섬김을 그 토대로 삼는 평신도 신학은, 교회가 아무리 '주님의 일을 많이' 할지언정 교회의 새로운 승리를 위한 하나의 프로그램이 아니다. 그것은 고난과 희생을 준비하라는 요청이며, 이는 우리에게 이 버려진 듯한 세상의 한복판에 하나님의 사랑이 끝없이 타오르고 있다는 것을 알게 해준 그 위대한 종의 고난과 희생을 반영하는 것일 뿐이다.

마지막으로 할 말은 교회에 관한 에큐메니컬 담론을 공식적으로 책임지는 신앙과 직제 위원회에 이미 요청한 내용을 반복하는 것이다. 여러분은 교회론을 재고하는 여러분의 작업에서 (성직자의 위상만큼이나) 본질적인 평신도층의 위상을 심각하게 고려할 것인가, 고려하지 않을 것인가? 만일 고려한다면, 이는 교회론에 중요한 변화가 있다는 것을 의미한다. 고려하지 않는다면, 평신도 신학에 관한 모든 담론은 흥미로운 간주곡에 불과할 뿐 본질적으로는 헛수고일 따름이다.

1. 시대의 징조

1. 참고. *The Ministry in Historical Perspective*, edited by H. Richard Niebuhr and Daniel D. Williams, 1956.

2. 앞의 책, pp. 20ff.

3. 참고. *Dr. Kathleen Bliss in Laymen's Work*, no. 7, June 1954, pp. 13, 14.

4. 칼뱅은 어느 편지에서(Corpus Ref. IX. 443을 보라) 그가 한때 사제였다는 주장에 반박하여 다음과 같이 말한다. "나는 사람들이 평범한 평신도(laicus)라고 부르는 사람이 아니었던 적이 한번도 없었다." 그는 법학 학사와 석사였고 주로 법학과 인문학 분야에서 학문적인 연구를 수행했다. 석사 과정에서 스콜라 철학자와 교부들에 관한 과목을 이수했지만 짧은 기간에 불과했다. 신학적으로 보면 그는 교부들에 대한 폭넓고 정확한 지식으로 사람들을 놀라게 했던, 자습의 경로를 밟았던 평신도 신학자였다. 그가 제네바에

서 설교자로 임명되었을 때 안수 없이 그의 '직분'에 진입했다는 것
은 흥미로운 사실이다.

5. 그 원인들에 대해서는 다음 장에서 자세히 설명할 예정이다.

6. 예를 들면, Parishfield(미시간)과 텍사스 주립 대학교(오스틴) 내의
"Com-munity of Faith and Life"와 같은 센터들이다.

7. 참고. *Ecumenical Studies on Evangelism in France, Indea,
Scotland*, edited by H. J. Hoekendijk for the World Council
of Churches.

8. 참고. Y. Congar: *Jalons pour une theologie du laïcat*, esp.
Chapters II and Viii; *Laymen's Work*, no. 7, June 1954, published
by the World Council of Churches. 이 자료의 24페이지 이하에는
로마가톨릭 문헌에 대한 아주 유용한 개관이 실려 있다.

2. 평신도의 신학적 지위에 대한 역사적 고찰

1. *Laymen's Work*, spring 1955.

2. 참고. Hastings' *Encyclopaedia of Religion and Ethics*, under
"Laity".

3. 참고. *The Ministry in Historical Perspectives*, ed. H. Richard

Niebuhr and Daniel D. Williams, p. 27.

4. *The Christian Ministry.*

5. 참고. Y. Congar: 앞의 책 여러 곳. *The Ministry in Historical Perspectives*의 첫 세 장.

6. 앞의 책, pp. 58, 59.

7. 평신도의 지위에 영향을 주는 "소보르노스트"(sobornost) 교리는 그런 사적인 평신도 신학자의 신학적 진술이다. 이에 대해서는 나중에 다시 다룰 예정이다.

8. 평신도들은 칸막이 뒤에 있는 지성소에 접근할 수 없다.

9. 참고. 앞에서 인용한 Hastings의 책에 나오는 "Laity"에 관한 글.

10. *Laymen's Work*, June 1954, p. 9.

11. Congar, 앞의 책은 이 점을 아주 명료하게 설명한다.

12. 참고. Congar, 앞의 책, p. 27, note 21, p. 30, note 26.

13. Congar, 앞의 책, p. 61, note 28.

14. 이런 싸움들을 뒤돌아볼 때 거듭해서 놀라게 되는 점이 있다. 종교적 권위에 대한 순종이 구원의 필수조건으로 여겨졌던 중세에 그처럼 대담하고 독립적인 지성이 있었다는 사실이다. 특히 스스로를 불순응의 시대로 규정짓는 우리 시대를 고려하면 그 놀라움은 더 커진다. 그렇지만 오늘날의 로마가톨릭 세계 안에 권력층에

대한 저항과 갈등의 움직임들이 있다 해도 그것들은 중세의 운동들에 비하면 매우 약하다고 말할 수밖에 없다. 원칙적으로 순종이 평가절하되고 있는 세속적인 우리 시대에 교회의 위계적인 권한에 대한 순종이 그처럼 당연시된 적이 없었다.

15. T. F. Torrance, *Royal Priesthood*, p. 35. 여기서 토랜스는 "모든 신자의 제사장직"을 "파괴적인 개인주의를 수반하는" 유감스런 개념이라고 비판한다.

16. 하나님의 말씀을 적절하게 해석하는 일.

17. 이 의견은 *The Ministry in Historical Perspective*, pp. 110-147 에 공헌한 W. Pauck의 영향을 많이 받은 것이다.

18. 앞의 책, pp. 207 이하.

19. 참고. Martin Gerhardt, *J. H. Wichern*. Hamburg, 1927.

20. 앞의 책, "Broad context of ecclesiological renewal", p. 9.

21. 이렇게 말한다고 해서 국교에 반대하는 일부 자유 교회들(침례교회, 감리교회 등)이 이론적으로와 실제적으로 평신도층에게 높은 지위를 부여했고 또 부여하고 있다는 사실을 잊은 것은 아니다. 이에 대해서는 나중에 살펴볼 예정이다.

3. 평신도 신학의 정립, 과연 가능한가?

1. 앞의 책, p. 13.

2. 최근 여성의 성직을 금지하는 스웨덴 교회회의의 결정을 둘러싼 소동은 '성직자'의 생각과 '평신도'의 생각이 얼마나 다른지를 보여준다. 이 반립관계는 전 세계의 많은 교회가 안고 있는 잠재적인 문제인데 너무나 무시되고 있는 실정이다. 그 진정한 원인에 대한 냉정한 분석이 필요하다.

3. p. 13.

4. p. 16.

5. p. 48.

6. 이것은 물론 로마가톨릭적인 의미이다.

7. 이는 은사론의 맥락에서 자연스럽게 생기는 질문이다.

8. 미국에서 리처드 니버는 신학 훈련의 필요성을 조사한 뒤에 *The Purpose of the Church and its Ministry*(교회의 목적과 그 사역)이라는 책을 출판했다. 이는 실로 성숙한 지혜가 가득한 책이다. 그러나 미국에서의 교회의 역할을 재평가하는 책에서 평신도층과 그 중요성을 거의 언급하지 않은 것은 놀랍기도 하고 실망스럽다.

9. *The Third World Conference on Faith and Order, Lund 1952*, p. 22.

10. W. A. Visser 't Hooft: *The Renewal of the Church.*

11. 1927; p. 97.

12. (독일어판) *Church Dogmatics*, III/4, p. 560.

13. 위와 동일.

14. p. 148.

15. 이 장에 "이상의 악영향"이란 적절한 제목을 붙였다.

16. p. 149.

17. pp. 150, 151.

18. p. 11.

19. 렉싱턴의 성경 칼리지에서 행한 봄 강좌(1955).

20. p. 15.

21. *The Nature of the Church*, edited by R. Newton Flew, pp. 48, 53.

22. Congar, 앞의 책, pp. 380-386에 나오는 유익한 토론을 보라.

23. 참고. *The Nature of the Church*, p. 48.

4. 평신도 신학의 서곡

1. pp. 14, 15.

2. 전문적인 신학을 평가절하하기 위해 하는 말이 아니다. 이 신학은

그 자체를 위해서가 아니라 교회와 세상을 섬기기 위해 추구한다면 굉장한 가치가 있다. 하지만 이런 경우라도 평신도에게 무력감을 불러일으킬 수 있는 위험이 있다.

3. 콩가르가 그의 책에서 다음과 같이 명시적으로 진술하는 것(p. 430)은 실망스럽다. "신학은 그 고유한 의미에서 '사제의 지식'일 따름이다. 왜냐하면 평신도층은 교회의 교리적 전통에 사제와 똑같은 식으로 삽입되어 있지 않기 때문이다. 신학에 대한 평신도층의 기여가 부차적일 수밖에 없는 것은 그들의 학문과 학식이 전문 신학자에게 못 미치기 때문이 아니라 교회 안에서의 그들의 '지위' 때문이다."

4. 최근에 내가 채플 예배를 인도했을 때 주기도문으로 폐회한 적이 있었다. 끝난 후 참석자 한 명이 흥분하여 내게 말하기를, "난생 처음으로 주기도문이 의례적인 행위가 아니라 하나의 기도라는 것을 깨달았습니다. 당신이 그것을 단순히 암송하지 않고 기도했기 때문입니다"라고 했다.

5. 일부 유럽 국가들에서 목소리가 큰 평신도 신학자들이 부활한 현상은 매우 의미심장하다. 나는 (잉글랜드에 국한하면) C. S. 루이스 같은 인물을 염두에 두고 있다. 신학자들은 변증과 공격을 겸비한 그의 책들이 수많은 신학자의 책들을 총합한 것보다 훨씬 많은 독자를 갖고 있다는 사실을 유념해야 한다. 다소 다른 예로서 C. E.

M. Joad의 책들(예: *The Present and Future of Religion, The Recovery of Belief*)을 들 수 있다. 그는 예전에 영향력이 있었던 철학적 자유사상가로서 이 '이상한 기독교 신앙'이 인간 현실에 대해 가장 만족스러운 견해를 준다는 것을 발견한 경위를 묘사한다.

6. (영어번역판) *The Fall*, 1957.

7. (독일어판) *Church Dogmatics IV/2*, p. 695.

5. 평신도 신학

1. (독일어판) p. 57.

2. 이 책의 1장과 2장을 참고하라.

3. 평신도층의 '새로운 발견'에 관한 이 진술들은 예비적인 것일 뿐이다. 우리는 나중에 이 논점으로 되돌아가게 될 것이다.

4. 힐시안 강좌를 책으로 엮은 본서는 그 강좌의 내용을 좀 더 다듬은 것이다. 여기에서 본래 그 강좌에 포함되었던 일부 진술을 각주로 싣는 바이다.

"나는 잉글랜드 사람이 아닌 평신도 신학자로서 역사와 전통을 자랑하는 캠브리지 대학교의 위대한 학자들로 구성된 신학 교수진 앞에서 교회의 사역에 관해 강의한다는 것이 위험천만한 일임을 잘 알고 있다. 너무나 대담한 일인 듯하다. 나는 또한 잉글랜드가 다른 어느 나라보다 더 많은 신학자들을 배출했고 그들이 교회 사역에 관해 매우 훌륭한 책들을 썼다는 사실도 잘 알고 있다. 성공회의 역사와 포괄적인 경향으로 볼 때 성직이 자연스럽게 교회 문제에 대한 접근에서 핵심을 차지하고 있는 것이 분명하다. 내가 솔직히 고백하고 싶은 것은 성공회의 교회관을 어느 정도 이해하고 싶은 마음은 있으나 이 주제에 관한 영어 책 중에 아주 소수만 알고 있다는 사실이다. 그래서 내가 예컨대 (두 명의 유명인사만 언급한다면) 고르(Gore)와 모버리(Moberly)의 저서를 비롯한 매우 중요한 영어 문헌들을 인용하지 못하는 것을 유감스럽게 생각한다."

5. 베드로전서 4장 10절.

6. 앞의 책, p. 21.

7. 참고. T. F. Torrance: *Royal Priesthood*, p. 35.

8. 참고. T. F. Torrance, 앞의 책.

9. T. F. Torrance, 앞의 책, p. 36. 여기서 토랜스는 그런 경향에 대해 옳게 경고한다.

10. 마가복음 9장 35절과 누가복음 22장 25-27절도 참고하라. 선지자적 열정이 가득한 마태복음 7장 21절의 말씀 "주여 주여 하는 자마다 다 천국에 들어갈 것이 아니요 다만 하늘에 계신 내 아버

지의 뜻대로 행하는 자라야 들어가리라"와 최후의 심판에서 유일한 평가기준이 그분의 소자들에게 행한 섬김의 일이 될 것이라고 묘사한 마태복음 25장 31-46절도 틀림없이 디아코니아의 주제에 속하는 대목들이다.

11. 참고. T. F. Torrance, pp. 82 이하. 내가 강의록을 쓰고 있을 때 나와 똑같은 노선을 더 정교하게 신학적으로 다룬 글을 발견하게 되어 무척 기뻤다. "우리는 고난 받는 종의 사역의 견지에서 교회의 선지자적, 제사장적, 왕적 기능들 속에 있는 기본적인 통일성을 발견해야 한다." 이것이 여러 해 동안 이 주제에 관한 내 사유의 초점이 되어 왔다.

12. 이제 그리스도와 교회의 사역을 이해할 때 디아코니아가 중심이 되어야 한다는 주장을 마무리하는 시점에서 이것이 하나님에 관한 교리에도 영향을 미친다는 것을 언급하지 않을 수 없다. 적어도 이른바 하나님의 속성에 관한 교리의 근본적인 수정을 요구한다. 그리스도는 하나님의 마음을 나타내는 분이다. 따라서 그리스도는 겸손하고 고난 받는 종("나는 마음이 온유하고 겸손하니." 마 11:29)이 됨으로써 예수 그리스도의 아버지인 그 하나님이 도무지 접근할 수 없는 존엄한 분인 동시에 겸손하고 섬기는 분이라는 놀라운 진리를 보여준다.

13. 어쨌든 비그리스도인들은 그렇게 해석할 것이다.

14. 호머(Homer)는 왕을 백성의 목자로 묘사한다. 이 상징의 보편성이 성경에서 지니는 특별한 중요성을 논박하는 것은 아니다. 제사장과 왕 역시 보편적인 용어들이다.

15. 플라톤도 비슷한 관념을 표현한다. 참고. Kittel's *Wörterbuch*에서 *poimên*를 찾아보라.

16. 이 경우에도 평신도 신학 정립의 일환으로 이 측면에 대해 주석적이고 체계적인 연구를 제공할 생각은 없다.

17. (독일어판) IV/2, pp. 695-825, III/4, pp. 538 이하와 683 이하.

18. 이는 사역에 관한 책들이 크게 바뀌어야 한다는 것을 의미한다. 이런 책들은 대체로 온 공동체에 부과된 교회의 사역, 이에 따른 구체적인 성직자의 사역, 구체적인 평신도의 사역 등의 내용을 담아야한다. 단 이 둘은 서로 공존하는 관계임을 늘 염두에 두어야 한다.

19. 앞의 책, III/4, p. 559.

20. 이처럼 안수 받은 사역에 끌리는 모습을 보여주는 놀라운 본보기는 T. F. Torrance의 책, *Royal Priesthood*(왕 같은 제사장)이다. 그런데 심오한 진술이 가득한 이 책의 기본 전제는 교회에 관해 할 말은 교회를 온 몸(the whole Body)으로 간주하는 것뿐이라고 말하면서도 이 책의 진짜 목적은 안수 받은 사역의 "집합적"

개념을 정의하는 것으로 판명된다. "그 몸"의 다른 부문, 곧 평신도 계층은 시야에서 사라진다. 이 책은 철두철미한 "전문적인" 신학의 훌륭한 본보기이지만, 그 심오함과 철저함에도 불구하고 주로 교회와 사역에 대한 두 가지 교리(성공회와 장로교)를 확장하고 종합하는 역할만 할 뿐, "온 몸"을 충분히 또 진지하게 고려하는 새로운 역동적인 방식을 고안하지 못한 것이 무척 유감스럽다.

21. 로빈슨(Robinson)의 *The Body*(몸)이란 책이 출판된 뒤라서 이런 실정을 더더욱 말하지 않을 수 없다. 이 책은 주로 (저자의 이해에 따르면) 바울의 인간론에 의해 사회화된 대중인간이 팽배한 오늘날의 상황에 대처하는 관점에서 쓴 것이지만 몸의 비유에 사로잡힌 교회론에 기여하는 면도 있다.

6. 결론

1. 1957년 7월 15-20일에 걸쳐 예일 대학 신학부에서 열린 "교회의 갱신"에 관한 WCC 협의회는 이것을 주요한 토론 주제로 다루었다.

2. 물론 이것은 성직자들이 담당할 무거운 의무이다.

3. 그렇다고 세계 복음화에 관한 모든 사유와 말과 활동을 중단하라는 뜻은 아니다. 단지 모든 선한 일은 가정에서 시작된다는 단순한

진리를 말하려는 것이다.

4. 성-속 혹은 신성한 것-세속적인 것의 구별을 폐지시키는 놀라운 구절은 사도행전 10장에 나오는 베드로의 선언이다. 28절에서 그는 이런 놀라운 말을 한다. "하나님께서 내게 지시하사 아무도 속되다 하거나 깨끗하지 않다 하지 말라." 15절도 참고하라.

5. 로마가톨릭 진영에서는 틸스(G. Thils)가 이런 각도에서 *Theologie des realites terrestres*(현세에 관한 신학)를 출판했다.

평신도 신학

초판　1쇄 발행　2014년 12월 4일
무선본 1쇄 발행　2024년 5월 24일

지은이　헨드릭 크래머
옮긴이　홍병룡
펴낸이　정선숙

펴낸곳　협동조합 아바서원
등　록　제 110-91-30401(2005년 2월 21일)
주　소　경기도 고양시 덕양구 삼원로51 원흥줌하이필드 606호
전　화　02-388-7944 ｜ 팩　스　02-389-7944
이메일　abbabooks@hanmail.net

ISBN　979-11-90376-75-4 (03230)